ブラック企業で生き抜く社畜を見守る本

玄田小鉄

序章―社畜までの道のり―

はじめまして。社畜デザイナーの小鉄です。僕は長らく広告業界でデザイナーとして勤務しています。

一言でデザイナーと言っても仕事の内容は多岐にわたります。華やかな印象を持たれることも多いですが、実際はそんなことは一切なく、地道で泥臭く過酷な業務ばかりです。

僕の業務内容は、メインはデザイン制作ですが、実際は広告にまつわるすべてのことを行っています。

世の中にはさまざまな企業の製品やサービスがあります。広告を世の中に打ち出すことで、認知拡大や商品購買へと繋げることができます。僕はそういった広告のデザインを手がけています。

具体的な業務は、アイデアを考えたり、クライアントに提案したり、撮影前のロケハンに行ったり、撮影の準備をしたり、撮影のディレクションをしたりと様々です。

さらに、業務とは言えない領域のこともしています。今は在宅勤務で出社する必要はほぼありませんが、出社していた時は、フロアの掃除機がけ、トイレ掃除、先輩たちのデスク拭き、ゴミ出し、コーヒーの準備もしていました。

ほかにも電話応対、おつかい、先輩の昼食のパシリなど雑務も大量にこなします。業務内容を聞いて気づいた方もいるかと思いますが、「デザイナー」というよりも「雑用係」のような存在です。

この業務を何年もこなしているうちに自分はデザイナーではなく、会社に雇われた奴隷だと思うようになり、そこで「社畜デザイナー」という言葉が生まれました。

これこそ今の自分を表す言葉だと思い、社畜デザイナーの小鉄としてＹｏｕＴｕｂｅ活動をしていくことにしました。

さて、本編に入る前になぜ僕がこんなにも過酷な広告業界のデザイナーを志すようになったかについて話そうと思います。

僕は物心ついた頃から絵を描いたりモノを作ったりすることがとても好きでした。親の話によるとカレンダーの裏にアンパンマンを延々と描いたり、庭で砂遊びをずっとひとりでしたりしていたそうです。

小学生になってからも絵を描くことは好きで、当時は「星のカービィ」をずっと描いていました。

低学年の頃は4コマ漫画を描いたりしていた記憶がおぼろげにあります。今になって思うとその時描いていたものを残しておけばよかったのですが、思春期に捨ててしまいました。当時は、好きなことに真っ直ぐになれない時期でもありました。中学、高校では部活動に励んでいて、絵からは一気に離れました。

部活は陸上部に所属していて、最初は短距離志望でしたが、短距離は人気のため脱落して、中距離・長距離の選手として落ち着きました。

練習はとてもつらかったですが、つらいことは嫌いじゃなかったのでつづけることができていました。

いまだに陸上部の中距離長距離をしていたと言うと、「あんなつらいのに何が楽しいの？」と言われることがあります。その質問はブラック企業で勤めている状態にとても近いなと思いました。

心のどこかでは楽をしていたいという気持ちはありますが、一方で楽なほうに流れつづけることに恐怖を感じている自分もいます。

そして、特に長距離走は練習すればするほど体力がつき、記録が伸びていきます。逆に練習をサボればみるみるうちに体力は落ち、衰えていきます。

そのつらいことを乗り越えていくことで成長できるという感覚がとても気持ちいいのと、練習をしないと衰えていくことの恐怖心が作用して、練習をしつづけている感覚でした。

当時からコツコツと練習を積むことは好きだったので学内でのマラソン大会も毎年1位でした。本来は喜ばしい成績ですが、結果を残し続けていかないといけないことがプレッシャーとなり、どんどんハードなトレーニングを積んでいくようになりました。

さらに部活の練習だけでなく、家から高校まで片道20キロの道のりを自転車で通ったりもしていました。

この感覚は仕事にもかなり近く、常に働いて成長しつづけなければ競争社会に置いていかれます。

もしもゆったりのんびり働いていても、いい仕事が舞い込んで有名企業の広告を手掛けられて、賞もたくさん獲れて、それでいて毎日定時退社できて、アフターファイブを満喫できる暮らしができるなら、僕はこんな無駄な努力はしなくなると思います。


部活を引退してからは大学進学に向けて、塾に通って受験勉強をしていました。ただ高校2年生までは、将来何になりたいとかもなく、平凡なサラリーマンになる予定でした。夢も希望もない無気力な高校生でした。

一方、普通の会社員になるのも嫌だったので、進路に関して悩むことも多かったです。この頃は絵に対しての興味は薄れていて、将来の夢も持ってなかったですが、受験が近づくにつれて自分自身と向き合う時間も増えていきました。

そこで脳裏に浮かんだのが、幼少期から好きだった絵です。幸いにも高校の授業で、パソコンに触れる機会も多く、そこでイラストレーター、フォトショップなどのデザイン系のソフトも少し使っていました。それによって、やっぱり自分は何か作っていることが好きなのだと気付かされました。

そうして志望大学を急転換して、美術系の大学を受けることに決めました。受験に向けてデッサンの勉強を始めて、ギリギリで合格しました。今思えば、ここが大きな転機だったかもしれません。

親には地元から近い大学に通うと言っていましたが、嘘をついて東京の大学を受けることにしました。理由もデザインを学ぶなら東京の方がいいだろうという安直な考えからです。

今もこうして社畜として働いているためなかなか帰省もできず、親には心配ばかりかけてしまっています。

そんな心配ばかりかけている両親ですが、この両親からの影響あって僕の人格が形成されています。

両親の仕事は、父親が自営業で、母は父の仕事の手伝いをしていました。

父も仕事好きで、お金に関しても厳しい考えを持っている人で、朝から晩までずっと仕事をしていました。

自営業なので自分の成果がそのまま利益に出る分、やりがいも大きく、家族のために頑張ってくれていたんだと思います。

当時は、ずっと仕事をしている父親のことをあまりよく思っておらず、子どもながらに不満を持っていました。

一応、兄がいたので寂しくはありませんでしたが、だんだんとひとり遊びをすることが増えていき、そこで絵を描いたり何かを作ったりすることが増えました。

地元が田舎だったこともあって友達と秘密基地を作ったり、弓矢を作ったりして遊んでいたのを今でも覚えています。

父は、本当に毎日忙しそうにしていました。日によっては深夜1時に起床して、仕事が始まります。一般企業とは違い田舎の仕事は朝早くから始まります。東京だと事業として成立しないようなことでも、田舎だと競合がいないので順調でした。

父は朝早くから働いていましたが、食事は必ず家族みんなで食べていました。両親ともに倹約家で旅行に行くことも少なく、散財するようなこともほとんどなかったです。

子どもの頃は両親を見て、こんな仕事漬けの日々は送りたくないと思っていましたが、父の遺伝子をしっかりと受け継いでいます。

大人になった今は両親の気持ちも多少理解できるようになったので、尊敬の念を抱くことばかりです。

家庭を持って、家族のために稼いで、食事をともに楽しむ。

それができれば、どれだけ大変でも乗り越えることができるんだろうなと思います。いつか、両親のような家庭を築くことが今の自分の密かな目標です。まだまだ足りないことばかりですが、ひとつずつ目標へと近づいていこうと思います。

僕自身に話を戻すと、大学入学後もいろんな出会いがあり、充実した4年間を過ごすことができました。僕は元々グラフィックデザイン専攻ではなく、プロダクトデザインを専攻していました。なぜ、プロダクトデザインを学んでいたかというと、子どもの頃からモノ作りが好きで、将来は家具職人になりたいと思っていたからです。

しかし、プロダクトデザインを学んでいくうちに就職に対しての不安がどんどん大きくなっていきました。3年生の頃から、就職に向けて業界研究をしたりして、具体的な就職先を探ろうとしていましたが、当時の自分にとっては、いきたい場所はひとつもなかったです。

その頃から対人関係がとても苦手で、人と関わらずに働きたいという思いが強く、職人のような人になれば、煩わしい人間関係もなく生きていけるんじゃないだろうかと考えていました。

けれども、職人のような就職先はほとんどなく、ましてや僕のような人間が入れそうな企業もほぼなさそうでした。

もう少し視野を広げていけばプロダクトデザイナーという選択肢もあったのですが、自分にとってはハードルが高く、そこまで専門性の高い技術も身につけていませんでした。しかも、メーカーに就職するためにはコミュニケーション能力は必須で僕には荷が重く、諦めることにしました。

ただ、今なら当時の自分に、「どんな仕事でもコミュニケーションは必須なので、早めに克服しておくべき」と言いたいです。

こうして、就職のことを考えれば考えるほど課題の多さが見えてきたので、3年生の頃から方向転換して、グラフィックデザイン専攻に変えることにしました。

独学でデザイン系のソフトも触っていたので、難しいことは特になかったです。新しいものに触れて、技術を習得するということも好きで、適性に合っていたのかもしれません。

今もこうやってYouTube活動で動画編集ソフトを触ったり、カメラで撮影したりしますが、誰に教わったわけでもなく、すべて自分で調べて試行錯誤しながら習得してきました。こういう姿勢も、幼少期に両親が放任主義だったので、好きなことは自分で調べて勝手にするというのが染み付いたからです。

実際グラフィック専攻になっても、授業の難易度や教えている根本的な内容はあまり大差がなかったので理解しやすかったです。

デザインという大きなくくりでいえば、プロダクトもグラフィックも同じです。目的、ターゲット、市場を理解し、誰に何をどのようにして伝えるのかさえできていれば、やることは同じでした。そして、YouTubeの動画もやることは似ています。

そんなある日、大学の教授のすすめで、某ブランディングエージェンシーのインターンシップに行けることになりました。

夏休み中の2カ月という長期間でしたが、僕は迷わず行くことを決めました。

インターンシップでは、とても貴重な経験を積ませていただきました。今となって思うと、そのインターンシップ先の企業が優良すぎて、今いるデザイン事務所がより地獄の環境に感じてしまいます。

その会社は外資系のブランディングエージェンシーで、僕のほかにもうひとりインターン生がいました。

その人はロサンゼルスの学校から来ていて、日本語はまったくしゃべれない女性でした。

そのため英語でコミュニケーションを取るという初めての体験をすることとなりました。しかも2カ月間の長期間です。インターンのデザイン業務よりも、初対面の人と英語で2カ月間関わらないといけないことのほうが大変で悩むことが多かったです。

気持ち的にはインターンというよりもプチ留学のような感じでした。でも、相手はかなり外交的で明るく、ぜんぜんしゃべらない僕に対しても積極的に声をかけてくれていました。本来は日本で育ってきた僕が気を遣って話してあげないといけないのでしょうが、当時の自分にはそういうホスピタリティはゼロで、話しかけられてもうまく受け答えができず、最初の頃は黙々と作業をしていました。

でもインターン生同士仲良くしていこうかと思い、少しずつですが英語でのコミュニケーションも図ることにしました。つたない英語でしたが、こちらが相手と仲良くなりたいという姿勢を感じ取ってくれて、少しずつ仲良くなれました。

そして会社のプロジェクト以外にも、一緒にごはんを食べにいったり、仕事終わりに展示を見にいったりと仲良く過ごせました。

最後に彼女が帰国する際には、日本の風景の写真集をプレゼントしたら、泣いて喜んでくれました（でも、本の内容は日本語だったので読めないと言っていました）。

このインターンシップを通してデザイン能力ではなく、人とのコミュニケーションをとることがほんの少しだけ上手になった気がします。

なぜこのインターン先に就職しなかったの？　という疑問が湧くかもしれませんが、このインターン自体は学生のポテンシャルを引き出すためのものらしく、採用活動を目的としていないということでした。

このインターンシップでのデザイン面の成果は、某飲料メーカーのパッケージデザインに僕の案が採用されました。

自分の手がけたデザインの商品が全国で発売されたこともあって、デザインのやりがいを感じました。

このインターンを通して、若干外交的になって、これならデザインを仕事にしていきたいという気持ちがますます強まりました。

創作活動が好きで、学生時代には他にも密かにいろいろと行っていました。

一般公募の広告賞に出品したり、ニコニコ動画に自転車旅行の動画を投稿したり、大学の課題制作の様子を生配信したりしていました。

でも、再生数はぜんぜん伸びませんでした。

今のように撮影技術も編集技術もなかったので、自分の理想とする表現ができていなかったかもしれませんが、何かを作って世の中に届けたいという気持ちがあふれ出していました。

創作活動は好きでしたが、当時は自分自身の人生経験も不足していたので、世の中が何を求めているのかという視点を持てていなかったです。

そのため人々に届くものが作れず、配信活動からは離れていきました。

こうして大学生なりに学業と創作活動、インターンシップに取り組み、ついに大学3年生の秋頃から就職活動も始まりました。

志望する業界はもちろん広告業界で、職種はデザイナーです。

ここで初めて社会の厳しさ、自分の無力さを思い知らされることとなります。

最初は大手広告代理店の説明会を受け、エントリーをしていましたが、通過することもなく軒並み落ちていきました。

ほかにもＩＴ系広告代理店最大手の企業も受けていました。そこもインターンシップに参加したりして、２次面接まで進みましたが、あっさりと落ちました。

次に大手広告制作会社を視野に入れましたが、そこも競争率がかなり高く、選考に進む人は上位美大生が大半でした。知り合いの優秀な美大生はどんどん通過し、内定を獲得し始めました。

ここで僕は実力の差をまざまざと見せつけられることとなります。

大学で何をしたかではなく、どの大学に入学したか。その時点で勝負はほぼ決まっていました。この構造はどこまで行っても変わらず、社会に出ても似たような状況は多くあります。

結局ずっと太陽の下を歩いてきた人のみが成功を手に入れます。

大手の広告代理店に入社して活躍している人のほとんどが美大生です。高校生の頃からアトリエに通いデッサン力を上達させ、美大入学後も授業を受け、広告代理店入社後も案件や人間関係に恵まれ、どんどん力をつけていきます。

僕のような田舎者の凡人がまっすぐ進んでいても到底挽回なんてできません。


こうして僕は、受ける企業の希望ランクを落としていくことになりました。志望する業界は変わらず広告業界で、相当な数の企業の選考を受けました。

大学の教授は採用枠の多いＩＴ企業のＷＥＢデザイナーをすすめてきたりしましたが、頑なに広告業界でデザイナー職を募集している企業を探し、受けつづけました。

やるからには自分の理想を手にしたく、実力不足を承知の上で愚直に受けました。今になって思うと、広告業界のデザイナーで地獄を見ることになるので、そこまでこだわらずＷＥＢデザイナーになったほうが良かったかもしれません。

そして、受ける企業の希望ランクを落としつづけていった末に、行き着いた先はデザイン事務所でした。

僕のような人間にはデザイン事務所くらいしか受け入れ先が残っていませんでした。

デザイン事務所も数十件はエントリーして、面接を受けました。小さい事務所だと経験者を求めているところばかりで新卒採用なんてしてなかったので、苦労しました。

その中で1件だけ条件に合う事務所があり、面接を受けた後にすぐ電話がきて内定が決まりました。即内定が出る時点でどう考えてもやばい事務所ですが、当時の僕はそれに気づくことはできませんでした。

藁にもすがる思いで受けていた事務所だったので、内定の連絡を聞いた時はとても嬉しかったです。僕は意気揚々と内定を受け入れて、両親にもすぐに報告しました。当時の自分は無事に就職先も決まって両親を安心させることができてよかったと思っていました。

こうして僕の大学生生活は終わり、社会人生活が始まります。ここからが地獄の始まりです。

大学生の頃が人生のピークだったかもしれません。

目次

第2章　社畜の業務内容

第3章　社畜のメンタル
~精神をすり減らして生きる~

第4章　社畜の楽しみ　～質素に生きる～

第1章
社畜の1週間

月曜日

- [x] 11:00 ビデオ会議（1件目）
- [x] 12:00 ビデオ会議（2件目）
- [x] 18:00 ビデオ会議（3件目）
- [ ]

広告業界が激務と聞いてもイメージしづらいかと思いますので、僕の1週間の流れを紹介しようかと思います。

いつもYouTubeで動画として公開していますが、今回は文字で紹介します。

8:00 起床

おはようございます。

今日は月曜日です。

8:05 準備

起きたらまず、顔を洗って寝癖を直します。我が家には洗面台がないため、いつも台所に頭を突っ込んで水を浴びながら寝癖を直しています。自分の体から犬の臭いがしてきて、少し惨めな気持ちになります。

次に服を着替えて、身だしなみを整えて、出社準備をします。綺麗にしていないと上司からパワハラを受けるので念入りにします。今年に入ってリモートワークも半分解除となり、出社することも多くなりました。

服を着替えて、命よりも大切なMacBook Proをカバンに詰め込みます。仕事のデータはとても大切です。もしこのパソコンを紛失してしまうと、僕はすべてを失います。

8:30 出発

行ってきます。

8:55 コンビニ

事務所の近くについたら、コンビニでコーヒーとジャムパンを購入します。日中は打ち合わせで埋まっていてお昼ご飯を食べに出れないので、カロリー高めのパンでお腹を膨らませて空腹を凌ぐようにしています。

9:00 事務所到着

事務所に到着しました。着いたらまず掃除などを済ませます。フル出社の頃は毎日掃除やゴミ出しなどをしていましたが、今はほとんどしなくて済むようになりました。コロナ禍になってから、働き方がだいぶ変わりました。

9:20 メール確認

掃除をひと通り済ませたら、ジャムパンをかじりながらメール確認をします。週の始まりであっても、土日の間に広告代理店から大量のメールが届いています。その中には修正依頼もあるので急いで作業を進めます。

11:00 ビデオ会議（1件目）

クライアントとのビデオ会議が始まりました。大きなプレゼンを獲得できて、実施に向けての打ち合わせです。来週から撮影の準備に追われることになりそうです。

ただ案件を勝ち取ることができたのは嬉しいです。

12:00 ビデオ会議終了

ビデオ会議を終えました。

12:01 ビデオ会議（2件目）

すぐさま次の会議に入ります。ビデオ会議が主流になったことで、次から次に打ち合わせが入ることになりました。

こうして、デザイン作業をする時間がどんどん失われていきます。

14:00 作業

ビデオ会議を終えたので、このあとはデザイン業務をします。本日提出分の案件があるので急いで作業を進めます。

18:00 ビデオ会議（3件目）

別の案件のビデオ会議も始まりました。これもコンペ案件で、プレゼンに向けて話し合います。案件を勝ち取るために命を削っています。

20:00 作業

ビデオ会議がようやく終わり、ここからまた作業をします。

途中コンビニに行って、お惣菜を買ってきました。たくさん食べすぎると睡魔に襲われるため、食事は軽めにしています。

24:00 業務終了

先輩たちが帰っていきました。ようやくひとりだけの空間です。誰かがいると常に監視されているような気分になって心がすり減ります。

明日も早いので僕も帰るとします。

24:40
帰宅

家に帰ってきました。帰宅後も少し仕事を進めておきます。

26:00
就寝

今日は2時まで仕事をして眠りました。おやすみなさい。

火曜日

- [x] 10:00 ビデオ会議（1件目）
- [x] 11:00 ビデオ会議（2件目）
- [x] 13:00 ビデオ会議（3件目）
- [x] 15:00 掲出写真の撮影

7:00 起床

おはようございます。

今日は在宅勤務です。今年から、リモートワークが解除されましたが、週の半分まで在宅勤務が許されています。

7:05 飲み物準備

朝のコーヒーを準備します。自宅にいる時は節約のためにコーヒーメーカーでコーヒーを淹れるようにしています。さらにプロテインも用意します。社畜生活では食事をとる暇がなく、タンパク質も不足しがちです。そのため、プロテインは貴重なタンパク源です。

7:15 メール確認

コーヒーとプロテインを飲みながら、メールを確認します。

いつものように朝早くても代理店から修正依頼のメールが届いています。このメールを見るたびに代理店の人たちはいつ寝ているんだろうかという疑問が湧きます。

7:30 作業

今日はビデオ会議が3件と、午後は外出する予定があります。それまでの間にデザイン作業を進めておきます。

本来始業は10時なのですが、日中は打ち合わせで埋め尽くされているため、時間外労働をすることで間に合わせるしかありません。

デザイン事務所に入社する前は、業務中は集中してデザイン作業をできると思っていましたが、そんなことは全くありませんでした。

物理的に時間がないので、定時後も働きつづけます。広告業界はどこもこんな働き方ですが、みんな文句も言わず働きます。やりがい搾取されつづけていますが、今のところ仕事が楽しいのでなんとか耐えられています。

10:00 ビデオ会議（1件目）

本日1件目のビデオ会議が始まりました。クライアントへ広告のデザインを提案します。

クライアントとの打ち合わせもビデオ会議になったことでだいぶ楽になりました。

11:00 ビデオ会議（2件目）

提案後に社内メンバーで打ち合わせをします。次回提案に向けてすり合わせをします。クライアントは広告費を支払ってくれているので、神のように崇めます。広告制作費を支払ってくれるおかげで、デザイン事務所にお金が入り、僕たち社畜に給料が支払われています。クライアントを徹底的に満足させるために、死力を尽くして働きます。

仕事をやっていて気づいたのは、デザイン事務所や広告会社は効率化やより良いアウトプットを生み出すための独自のノウハウを持っているのかと思いましたが、ぜんぜんそんなことはなく、毎回クライアントの要望に全力で応え、課題解決のために自分の人生を捧げ全力で考えつづけるというものでした。かなり昭和な根性論と人海戦術で成り立っています。

13:00 ビデオ会議（3件目）

別件の打ち合わせも始まりました。打ち合わせの連続のため当然昼食は抜きです。

14:30 移動

15時にいく場所があるので出発します。

15:00 掲出写真の撮影

交通広告のデザインを手掛けたので、それの掲出風景を撮影して記録として残しておきます。なるべく制作物は記録をとっておくようにしています。

自分の実績を潤わせることで、このブラックな環境からも抜け出すことができるかもしれません。それに実績をみた外部の人から僕個人に仕事の依頼がくるかも……という淡い期待を抱きながら写真撮影をします。

19:00 遅めの昼食

撮影も終えたので、家に帰るとします。帰宅途中、駅中にお茶漬け屋さんがあったので寄りました。1000円と少々高かったですが、今日はひとつの案件を無事に終えたので、自分へのご褒美として食べるとします。お茶漬けは荒れ切った胃に優しく染み渡りました。優しさに触れる機会はほとんどないので、お茶漬けの優しさが10倍増しに感じられます。

20:00 帰宅→作業

家に帰ってきました。ここからようやくデザイン業務を進めることができます。毎日仕事で埋め尽くされています。

ただ忙殺されている分、悩む時間も奪われているのは、まだ幸せなのかもしれません。中途半端な忙しさだと、悩む時間も生まれて精神を蝕まれます。うだうだ言わずに、目の前の仕事に向き合いつづけます。

26:00 就寝

キリのいいところで業務を終わらせて、代理店にデザインを送りつけます。夜も遅いので、もう返事は来ないと思います。シャワーを浴びてすぐに眠りました。

水曜日

- [x] 8:00　デザイン作業
- [x] 14:00　ビデオ会議（1件目）
- [x] 15:00　ビデオ会議（2件目）
- [x] 17:00　ビデオ会議（3件目）

7:30 起床

おはようございます。

7:35 飲み物準備

今日も在宅勤務です。コーヒーとプロテインを用意してメールを確認します。

8:00 作業

ビデオ会議が3件もあるので早起きして仕事を進めておきます。

13:00 昼食

お昼は少し余裕があるので昼食を食べられそうです。いつもはお昼にビデオ会議を挟むことが多いのでお昼休憩は存在しませんが、こういう日はありがたいです。

昼食は卵焼きを作ります。ソースをかけることで、お好み焼きのような気分を味わうことができます。侘しい食事に見えますが、僕自身はこの食生活でもある程度満足しています。調味料を変えるだけで美味しく食べることができて満足です。

14:00 ビデオ会議（1件目）

本日1件目のビデオ会議が始まりました。社内メンバーとの打ち合わせです。アイデアを上司に見てもらいます。

15:00 ビデオ会議（2件目）

別のビデオ会議も始まります。

17:00 ビデオ会議（3件目）

間髪入れずに3件目のビデオ会議です。日中はずっと会議がつづきます。

ビデオ会議でどんなことを話しているのかというと、ある商品の広告を出すときに、その商品が業界内でどのポジションを取るべきかを話し合っています。生活者のインサイトだったり、競合他社のことだったり、その商品の特徴など、いろんなことを考慮して広告は生み出されます。ただ、ときには考えても仕方ないこともたくさんあります。頭でっかちに考えつづけていますが、最終的なアイデアはとてもシンプルかつ明快で、誰にでもわかるものになります。

世の中で人が目にする広告は、非常にわかりやすいですが、広告を生み出すプロセスは難しく長い道のりです。

こうしている間も、みんなであーでもないこーでもないと話し合っています。

20:00 ビデオ会議終了

長い会議を終えました。3時間で済みましたが、長いときだと5〜6時間はかかります。正気の沙汰とは思えませんが、みんなクライアントの要望に応えようと必死です。気が狂っているとも言える働き方をしていますが、熱量の高い人たちと仕事をするのは結構好きです。

20:05
修正作業

この時間からようやく修正作業を進めることができます。集中して一気に終わらせます。

24:00
晩ごはん

仕事の後に晩ごはんをいただきます。作り置きしておいたミネストローネです。いつも週末に作り置きをするようにしています。料理をすることで、少しでも節約します。コツコツ節約して撮影機材を買ったりすることが最近の楽しみになっています。

25:00
就寝

食後にシャワーを浴びてこの日は眠りました。おやすみなさい。

木曜日

- ☑ 9:00　ビデオ会議（１件目）
- ☑ 11:00　ビデオ会議（２件目）
- ☑ 16:00　ビデオ会議（３件目）
- ☑ 17:30　ビデオ会議（４件目）

7:00 起床

おはようございます。

7:05 身だしなみ

今日は出社なので、出かける準備をします。在宅と出社が入り混じっているのは大変ですが、環境が変わる分、集中して働くことができます。会社での仕事も集中できるので好きになってきました。

8:00 出社

事務所に到着しました。この時間はまだ誰も来ていないので快適です。

8:05 作業

セブンイレブンで購入したコーヒーをすすりながら、作業を開始します。今日は

4件のビデオ会議が控えているので、朝のうちに仕事を終わらせておきます。

9:00 ビデオ会議（1件目）

11:00 ビデオ会議（2件目）

16:00 ビデオ会議（3件目）

17:30 ビデオ会議（4件目）

……ただただビデオ会議がつづきます。当然昼食を食べる暇はありません。昼食を食べない生活が当たり前になったので、空腹でも働きつづけられるようになりました。

先輩たちも忙しい時はろくにごはんを食べないので、僕ひとりがのうのうと昼食をとるなんてことはできません。みんな仲良く空腹を乗り越えて働きます。

19:00 ビデオ会議終了

ようやくビデオ会議地獄を抜け出しました。

19:10 作業

ここからまた仕事を再開します。コンビニでカロリーメイトを買ってきたので食べながら働きます。出社していると自炊する暇もないので余計に出費が嵩みます。今まではすべて在宅だったので節約できていましたが、今後は工夫しながら働くことになりそうです。

20:30 脱走

上司たちの目を盗んで脱走してきました。事務所内の空気が重苦しく長くいると気が狂いそうになります。家に戻って気分転換します。

以前は事務所に深夜まで残って働いていましたが、それだと効率も悪くなります。

今は誰かが残っていても一瞬の隙をついて抜け出すという技を習得しました。そのおかげで心豊かに働くことができています。

21:00 帰宅

21:05 作業

帰宅後もすぐに仕事をします。こうやって仕事ばかりしていると、たまに他のデザイナーはどんな風に働いているんだろうと、気になることがあります。そして、たまに学生時代からの仲のデザイナーの友人と話したりすると、仕事への感覚もバラバラです。

その知り合いは、帰宅後は何があってもパソコンは触らない主義らしく、自宅に帰ると仕事は一切せず、趣味での創作活動などもしないようです。

仕事終わりはプライベートを全力で楽しむ。それも生き方のひとつだなと思います。

23:00
晩ごはん

23:20
仕事

晩ごはんを食べた後も働きます。
明日は金曜です。乗り切れば少しは楽になれると思います。

26:00
就寝

おやすみなさい。

金曜日

- [x] 11:00 デザイン提出
- [x] 19:00 ビデオ会議
- [ ]
- [ ]

7:00 起床

おはようございます。
ようやく金曜日です。今日を乗り切れば土日が待っています。

7:10 出社準備

今日のビデオ会議は1件だけですが、デザイン提出が大量にあるので出社して一気に終わらせようと思います。

8:00 出社

事務所に到着しました。
いつものようにコーヒーとジャムパンを食べながらメールを確認します。

11:00 メール送付

今日も大量の修正依頼が届いています。朝のうちに作業をしてメールで送ります。修正依頼は前日の夜に来て、翌日の午前中に提出という鬼のようなスケジュールです。

仕事のインターバルもほとんどないため、いつでもどこでも作業をできる状態にしておかなければいけません。

ひとつの仕事だけを担当しているわけではないので、こういった仕事の進め方をするのがかなりつらかったりします。

さらに代理店の担当者は「なるはや」での対応を求めてきたり、今すぐに電話に出てほしいといったような要望をしてきたりします。

そうしてデザイナーの作業時間は失われていきます。

12:00 納品

別の案件もクライアントから最終ＯＫが出ました。納品データを作成して代理店に送ります。

12:05 作業

その後も電話や、修正依頼のメールが届いていたので、修正対応をします。常に5～8件ほど同時進行しているため、心休まる瞬間はありません。

15:30 コンビニ

少し時間が空いたのでお昼ごはんを買いにいきます。今日はセブンイレブンのメロンパンにしました。

15:40 作業

パンをかじりながら黙々と作業をします。今やっているこの作業も報われる日が来ると信じて、今は無心で取り組みます。

19:00 ビデオ会議

週明けに提案予定の案件があるので、それのすり合わせをします。定時後でも余裕でビデオ会議は設定されます。

遅い時間の会議に対して誰も文句はいいません。

広告業界で働く以上、一生深夜まで働きつづけることになりそうです。今は楽しいですが、いつか体が壊れないかと最近不安になります。

周りの40代50代はとても元気で、そういう人にとってこの仕事は天職なんだろうなと思います。

心身ともに丈夫なおじさんになりたいです。

21:00 会議終了

ようやくビデオ会議を終えました。

21:05 作業

まだまだ働きます。先輩たちは予定があるのか早く帰っていきます。僕は友達もいないので孤独に作業します。
金曜のこの時間は、事務所に誰もいないので作業が捗ります。

24:00 業務終了

そろそろ終電なので帰ります。

24:30 牛丼

帰宅途中に牛丼屋さんに寄って晩ごはんを食べます。深夜の牛丼屋さんに行くと虚無感に駆られます。

こうやって毎日職場と家の往復で歳だけとっていって、楽しみもなく死んでいく未来が想像できます。

ただ、心のどこかでこの暮らしに納得している自分がいます。

24:40 作業

家で牛丼を食べ終えたら、すぐさま作業に戻ります。

26:00 作業終了

今日はこのくらいにしておきます。

26:30 就寝

シャワーを浴びて眠ります。おやすみなさい。

土曜日

- [x] デザイン作業
- [ ]
- [ ]
- [ ]

9:00 起床

おはようございます。今日は土曜日です。一応弊社は土日休みなので、今日はゆっくりと目覚めました。特に予定はないので、仕事をしておきます。

週明けに持ち寄りの　仕事があります。週明け持ち寄る仕事のことを、弊社では「宿題」と呼んでいます。

宿題と聞くとかわいい呼び名ですが、実際のところは土日も働かされるということです。いわばサービス休日業務です。

この土日の仕事は対価もないので働く必要はありませんが、土日に仕事を終わらせておかないと、平日に地獄の苦しみを味わうことになります。

休日に仕事を進めておくことで、平日の業務量を減らしています。そもそも休日働かなきゃいけないような状況の会社は経営に失敗しているように思えます。

13:00 昼食

そんなことを思いながらそろそろ昼食にします。近所のインドカレー屋さんにきました。休日の外食がささやかな楽しみです。もっと給料があれば、美味しいお寿司ランチを食べに行きたいです。

13:30 仕事

家に戻って作業を進めます。途中胃が痛くなってきたので胃腸薬を飲みながら働きます。仕事のストレスによって胃腸が壊滅的になっています。体は素直です。

22:00 晩ごはん

今日の晩ごはんも牛丼です。さらにコンビニでカット野菜も買ってきました。少しでも野菜を食べて栄養が偏らないように心がけています。

26:00
就寝

その後も少し作業をして眠りました。おやすみなさい。

日曜日

- [x] デザイン作業
- [x] 動画編集
- [ ]
- [ ]

8:00 起床

おはようございます。今日は日曜日です。

8:30 作業

休日は仕事の連絡も少なめなので、比較的快適に動けます。特に日曜だからといって出かけるわけでもなく、黙々と作業をします。

土日は仕事ももちろんしますが、空いた時間にYouTubeの編集もしています。黙々と作業をするのが好きで、これで1日の時間が一瞬で溶けていきます。

たまには土日に出かけたりもしたくなりますが仕事と創作活動で手一杯です。

14:00 昼食

お昼はカロリーメイトです。集中して作業をしていると食事も億劫になってきます。なのでサクッと食べられて、ある程度栄養のあるカロリーメイトを食べるようにしています。

14:05 作業

カロリーメイトをかじりながら、ひたすら作業をします。誰からも連絡がこない休日は作業が捗ります。この時間はとても貴重です。平日もこのくらい連絡が来なければいいのにと思います。

20:00 外出

キリのいいところまで作業ができたので、晩ごはんを作ります。スーパーに食材を買いに行ってきます。

20:20 料理

大量の食材を買ってきました。今日は肉じゃがを作ろうかと思います。いつも週末に大量の作り置きをしています。

作り方は至ってシンプル。食材を切って、炊飯器にぶち込んで、調味料を入れて、炊くだけです。炊けるまでの間も仕事をします。しばらく待って完成です。

21:00 晩ごはん

いただきます。じゃがいもがほろほろで美味しいです。

在宅勤務となってから節約も兼ねて自炊をするようになりました。まだまだ料理の腕前は未熟ですが、ひとりで食べるには申し分ない出来栄えです。

21:30 作業

食後も作業をします。時間ある限りパソコンに向かっていますが、適度に休憩も入れています。ＹｏｕＴｕｂｅでゲーム実況動画を見ながら作業をしているのでメンタルは保たれています。

今となってはこんな社畜動画を投稿していますが、昔はゲーム実況をしたかったです。

24:00 ジョギング

脳が疲れ切ったので、次に体も追い込みます。週末はジョギングや筋トレもするようにしています。

油断していると運動不足になってしまうので、意識的に体を動かして発散しています。

完全に鬱になってしまわないのも、適度に運動しているからかもしれません。なかなか時間はないですが、これからも時間を見つけて運動はつづけておきたいです。

25:00 シャワー

帰宅後はゆっくりとシャワーを浴びます。

25:20 ベッド

そしてベッドで横になります。

今は少し前向きになってきましたが、昔は日曜日に明日が来て欲しくないと、本気で思っていました、毎週、月曜日がくることが恐怖でした。そのくらいデザイン事務所での業務は苦痛で、毎日精神を蝕まれていました。

でも長く働くことで、つらさはうすれ、毎日小さな楽しみを見つけられるようになりました。

自分には今を全力で生きるしかないので、来週からも全力で生き抜きます。

おやすみなさい。

【一週間を終えて】

これが僕のある1週間です。

毎日が嵐のように過ぎ去ります。

気の休まる瞬間はありませんが、なんだかんだ楽しく過ごせています。

YouTubeで動画として投稿していますが、こうやって活字に記録するのも違った発見があっていい気がします。

この生活サイクルは、ほかの人からすると異常な働き方に見えているのかもしれません。

僕も最初の頃は辛すぎて、逃げ出したいと思うことが何度もありました。

でも今ではこの環境に順応することができ、これが自分の生き方だと前向きに捉えられるようになってきました。

第2章 社畜の業務内容

撮影で人と関われるのは楽しい

デザイナーという仕事は一見華やかそうに見えますが、実はドロドロとしていて、末端の社員は地獄の苦しみを味わいつづけていることが序章～第1章でわかっていただけたかと思います。

過酷な環境ではありますが、担当している案件は平凡な自分にとってはとても魅力的なものが多いです。

誰もが知る大手クライアントの広告を手がけることができ、有名タレントを起用した案件、広告賞を獲れるような業界的に価値のある案件、ＳＤＧｓ関連の社会課題を解決するための案件などさまざまです。

中には小規模な案件もありますが、どの案件も見方によっては面白く、今の自分にとって得るものが多いため、毎日成長を感じることができています。

よく先輩からも、「その年齢でこれだけ良い案件を担当できるとか恵まれているよ」と言われます。本当かどうかはわかりませんが、その言葉を信じて毎日歯を食いしばりながら働きつづけています。

特に自分の中で楽しみながら取り組めている業務は、撮影がある案件です。社会人になる前は、デザイナーは事務所にこもりっきりで、黙々とパソコンでデザインをするだけかと思っていました。内向的な自分にとっては、その働き方がいいなと思い、志したというのもあります。

しかし、いざ働き始めてみると、自分の思っていた以上に撮影関係の仕事で外部の人たちと関わることが多かったです。

カメラマン・ヘアメイク・スタイリスト、場合によってはモデルさんなど。**普段関わることがない人と関われることはとても楽しく、自分の中の世界がどんどん広がっていくのを感じました。**

ただ、はじめの頃は、そういう気持ちになれませんでした。外部スタッフの方々と関わることで、自分がいかに平凡なのかということも思い知らされました。デザイナーができることは限られていて、自分に価値はないと思っていました。

そう思ってしまうのは、広告代理店からぞんざいな扱いを受け、使い倒されていて疲弊しきっていたからかもしれません。

人と関わることで、知らず知らずのうちに自分と他者を比較してしまい、なにか不安や焦りを感じていました。ですが、撮影でいろいろな人と関わることで、自分のことを再認識できたのはよかったです。

それからは、撮影案件などでいろんな人と関わることが楽しくなりました。

牛歩のようなスローペースではありますが、じわじわと外交的になれている気がします。

クライアントは絶対、クリエイターは奴隷

もうひとつ好きな業務があります。それは広告賞を狙った業務です。

広告賞というものにみなさんはあまり馴染みがないと思います。広告業界の中では「賞」がいくつもあります。

なぜ「賞」というものがあるのかというと、業界自体を発展させていくために作っているものなのだろうなと思います。映画でいうと、有名なカンヌ国際映画祭がありますが、それと同様に広告にもカンヌライオンズ広告祭というものがあります。

国際的な広告祭以外にも、国内の賞もたくさんあります。

ADC・TDC・ACCなどの国内の賞は広告業界内でも有名で、クリエイターは日夜賞を獲るために血眼になって取り組んでいます（賞に興味ない人もいます）。

僕自身も賞を獲る風潮には最初は賛同していて、数年前はかなり積極的に取り組んでいました。

空いた時間のすべてを広告賞に費やすレベルで没頭する時もありました。そこまでして取り組むのは、広告業界の仕組みに原因があるからです。

それは、クリエイターがぞんざいに扱われ過ぎていること。

広告が存在しているのは、企業が商品の価値を世に認知させるために広告費を出してくれているおかげです。その企業の広告費によって、広告代理店が仕事を受け、その中から僕のいるデザイン事務所にデザイン費が支払われます。

そして、事務所に支払われたデザイン費から僕の給料が支払われています。

大元は企業の広告費。その主従関係が覆ることはありません。そのため、どうしてもクライアントファーストになり過ぎてしまいます。

お金を払ってくれているクライアントの存在が絶対的なものであるがために、広告代理店はクライアントに媚びへつらいます。

そしてそのしわ寄せは、末端にいる制作会社やデザイン事務所のデザイナーに行きます。

修正の依頼もクライアントの〝仰せのまま〟に従い、金額もクライアントから出る限られた広告費の中でやるしかありません。

その中で制作スタッフはみんなギリギリまで切り詰めた状態で対応することになります。**赤字覚悟で、恩を売るためだけの仕事になることもしばしばあります。**

そんな状態で仕事をしたとしてもクライアントや代理店に恩を感じてもらえているか

は不明です。川上にいる人たちが末端を使い倒そうと思っている限り、僕たちクリエイターがどれだけ汗水垂らしてデザインをして、その中でできる限りのパフォーマンスを出したとしても何も感じてもらえず、一生無理難題に応えるだけの奴隷となってしまいます。

広告賞で奴隷制度からの脱出を狙う

クライアントの中には広告代理店や、その下にいる制作スタッフを奴隷とでも思っているような態度の人もたまにいます。ごくまれにですが、昭和の文化を背負ったままのクライアントの人がいて、そこそこ偉い弊社の上司が提案の場で怒鳴られたりしています。そういうのを見つづけていると、この業界に未来はあるのかと不安になります。

お金の流れがクライアント次第なので、この奴隷制度のような状況は年々強まっているように感じます。

この広告業界の奴隷制度を打開するために、僕たちクリエイターができることは、「賞を獲って箔を付ける」ことです。

仕事をしていても状況は変わりません。広告業界はとても閉鎖的で、自分が手がけた仕事をSNSで公開することは基本良しとしない風潮があります（一部例外もあります）。

実績を公表できない状況で働きつづけても、ずっと奴隷のような扱いで、長時間労働に安い給料で働きつづけることになってしまいます。それがつらくなって、別業界に行った知り合いも多数います。

しかし、こんな状況でも賞を獲って、個人の価値を高めていくことで、打開することができます。

「賞狙い」の案件は、仕事としてはあまり好きではないですが、自分の価値を高めていくことのひとつの手段として積極的に取り組むようにしています。

そうでもしていかないと業界内での自分の価値は変わらず、ずっと苦しい労働を強いられることになります。

これは、僕がデザイン事務所にいるからという話だけではありません。この先もし僕が大手広告制作会社や広告代理店に行ったとしても、所詮この業界の歯車のひとつに過ぎず苦しみ続けます。

でも、自分にしかできないというものを確立したり、自分の価値を高めたりしていれば、少しは働きやすくなるかもしれない。そのひとつが賞を獲ることだと考えています。所属する組織を変えたところで、どうせ使い倒されてしまうので、地力を高めていくしかないです。

僕は、賞を獲っていかなければこの閉鎖的な業界で、クライアントの価値を具現化していくだけで、自分自身の価値は大して高まらず、業界内で消耗していく。そこに希望を見出せず、ただただ仕事としてこなしていく日々がつづくような気がしています。

デザイン事務所入社は終わりの始まり

すでに第1章からお気付きかと思いますが、僕が入社したデザイン事務所は、相当なブラック企業です。

入社1日目から終電まで残って仕事をして、雑務も大量にありました。実は面接時に事務所の社長から相当念押しされていました。

「毎日残業だらけだけど大丈夫か？　徹夜もあるし、泊まり込みでの仕事もあるぞ」と、散々言われました。

ただ、さすがに労働基準法を無視した働き方になるとは予想していませんでした。本当に毎日終電間際まで残業で、事務所に泊まり込み勤務も平気ですることになっていて、入社当初の自分はかなり驚きました。

これが社会か……。思い知らされたと同時に、自分は落ちるところまで落ちたんだなと思いました。

さらに給料は20万円、ボーナスは年2回支給という話だったのに1度ももらっていないです。ボーナスに関しては業績不振なので仕方ないですが、社長から何の説明もないので、事務所の先輩たちもみんな納得できず文句を言ってました。

ただこんな地獄のような事務所でも、行くあてのない僕を拾ってくれたので、感謝はしています。

最初の数年は感謝の気持ちがあったのでどれだけ過酷な業務にも真摯な気持ちで打ち込んでいました。しかし薄給激務がつづくと段々と耐えきれなくなってきたので、息抜きも兼ねてＹｏｕＴｕｂｅで広告業界のブラック企業の実態を配信することにしました。

いつか事務所の人たちにバレないかと怯えていますが、意外と大丈夫そうなのでこれからも活動はつづけることができそうです。

社畜デザイナーの原動力

デザイン事務所へと入社し、希望していた広告のデザインをすることができていますが、その代償としてさまざまなものを失いました。

満足に生活するために必要な給料、英気を養えるだけの睡眠時間、大切な友人と過ごすための時間……。

この選択が正しかったのか、今の自分にはわかりませんが、間違った選択とならないように、後悔することなく全力で仕事に取り組もうと考えています。やるからには何ごとも全力でやり切りたいです、

なぜこうまでして、今の仕事に取り組むのか？

たまに動画のコメントでも「どうして、そんなに広告のデザイナーにこだわるんですか？」といった内容のものをいただいたりします。

その回答としては、「人の心を動かしたい」からです。どれだけつらい仕事でもそのためなら乗り越えられるような気がしています。

さらに贅沢をいうなら、自分の手がけたもので人の心を動かしたいと強く思っています。

このように人の心を動かしたいと思うのも、幼少期から思春期の人間関係の希薄さが招いているのかもしれません。

もともと内向的な性格で自分の感情を言葉で人に伝えるのがとても苦手でした。それによって誤解をされることも多かったです。

社会人になってからは感情をなるべく表に出すように心がけていますが、まだまだ足りていない時もあります。

そんな内向的な自分にとって、人の感情を動かすという行為に何か憧れのようなものが潜在的にあったのかもしれません。

耐えられないアイデア開発の軽視

念願だった広告業界のデザイナーとなって数年経ちますが、モヤモヤとした感情が湧くことがたまにあります。

僕が子どもの頃の広告にはもっと活気がありました。感情を揺さぶられるCM、それ自体が一種のエンターテインメントとなっていました。

しかし、今はさまざまなコンテンツやメディアが世の中にあふれています。その結果、マスメディアでの広告が絶対的な力を持つ時代が終わり、企業が広告費の配分を変え、業界の規模がどんどん縮小しています。

昔はみんながテレビを囲み、そこで流れるCMを目にするのが当たり前でしたが、今となってはそんな状況はなくなりました。

広告業界を志したきっかけが、規模の大きいことを手がけて、世の中の多くの人の感情を動かしたいと思っていたので、いざ働いてみるとナショナルクライアントの案件ですらかなり予算が厳しく、この業界の未来が心配になります。

さらに残念なのは、たまにクライアントから面白いことをしたいという要望がありますが、それに応えるようなアイデアを考えても社内事情で没になって、結局真面目で当たり障りのない広告を作ってばかりです。

自分の実力不足なところも否めませんが、広告で面白いと思えることを実現することはかなり難しいです。

クライアントの中で定まっていないのに、気軽な気持ちで依頼してくることにも問題があると思います。依頼してくれるのはとてもありがたいのですが、あまりにもアイデア開発を軽視したクライアントが多いです。

お金を払ってくれる絶対的存在のため、クライアントにNOということもできず、すべてを受け入れる弊社も問題ですが……。

考えたアイデアが実現されず大量になきものにされることはとても辛いです。

クリエイターが報われない広告の世界

テレビや新聞などマス広告の縮小に反して、SNSは爆発的に普及しました。YouTube、Instagram、Twitter、TikTokなどを多くの人が見るようになり、テレビを見る時間はどんどん減っています。家にテレビがない人も増えているようで、僕もそのひとりです。

そしてSNS上では、自分よりも若い人たちが世の中の人に届くものをどんどん生み出し活躍しています。

最初はその状況を見ても、何とも思いませんでした。むしろ個人で作ったものなんか価値は薄いと思っていました。

有名企業の広告を手がけて、それをCMや交通広告、新聞広告で世の中に届けられるほうが優れていると思っていました。

今になって思うと、とても浅はかな考えでした。

広告のデザインなんて、企業の価値を借りて作らせてもらえているだけで、それに携わるクリエイターは黒子に過ぎません。いくら企業の商品広告を作ったところで、その広告は企業のものに過ぎず、クリエイターに賞賛の声が集まるわけではありません。仮に広告賞を取ったところで世の中の人からしたら「知らんがな」でしかありません。

そんな閉鎖的な世界でお金も時間も友人も失いつづけてまで、やる価値なんてあるのだろうかという疑問が沸々と湧き始め、その疑問は年々大きくなりました。

賞を獲っても上司は評価してくれず、給料も何年間も据え置き。仕事ではクライアントから面白いことをしたいという無茶な依頼に応えるもアイデアはまったく実現せず。**SDGs絡みの社会課題解決のための広告を手掛けるも、自分自身は薄給激務の問題だらけ。**

周りからどう見えているのかはわかりませんが、自分としては生きている時間のすべてをクリエイティブな活動に捧げるくらいの気持ちで取り組んできました。

幸いにも作ること自体は好きなのでそこまで苦痛ではなかったですが、自分がいくら努力してもがこうと、自分が思い描く理想の場所に行き着くことはできず、ただただ時だけが過ぎていきました。

場があるのに何もしないのは言い訳にならない

2年前の自分は広告の領域でできることを模索しつづけていました。いくつか賞を獲ったりできたので、自分としてはできる限りのことをやっているつもりでした。

でも、いくら取り組もうと、僕の求めることは実現できませんでした。広告は企業の商品を売るためのものであり、そこに力を注ぐクリエイターの存在など小さなものです。

そんなことは自分でも理解しているつもりでした。あくまで企業が前に立って、企業の広告が前に出る。クリエイターは商品が売れることを最高の喜びとして、時間も能力も費やし全力で捧げる。

一方で、ここまで酷使され、報われない状況がつづくなら、いっそひとりで好き勝手やってやる！　と思うようになりました。

転職してホワイト企業に行くというのではなく、今の会社にいながら、個人の創作活動によってこの感情を発散することにしました。

個人で作っていれば、誰からも指示されることもなく、上司のパワハラに震える心配も、クライアントからの無茶なオーダーに応える必要もありません。

しかし、そこには問題がありました。

それは波及力です。広告であれば企業の価値があり、広告の媒体を使って多くの人に届くものを作ることができます。でも個人の活動は、企業の価値もなければ、媒体の力もありません。せっかくいいものを作っても誰にも見てもらえない可能性があります。

この問題に多くのクリエイターが直面します。

しかしそこをうまく乗り越え、活躍している人たちも多くいます。

インフルエンサーと呼ばれる人たちです。彼らはＳＮＳを活用し、自身の持つ価値観や経験を世の中の人々に伝えています。そこにはクライアントもなく、上司も存在しません。

純粋なクリエイターとして活躍できるプラットフォームはすでに整っていました。そんな最高の場があるのに、燻っているだけで何もしないのは言い訳になりません。

まずは挑戦あるのみと思い、活動の舞台を広告のデザインからＳＮＳ上での創作活動に広げてみることにしました。

コロナ禍で在宅勤務となっていたので、隙間時間はいくらでも作ることができます。何か個人でやるには今しかない、そう思いました。

このまま広告のデザインの領域でやっていくと何もなし得ることができず、世の中にも知ってもらえず、ただ一生を企業（他人）の商品のことを考えつづける人生で終わる。

せめてホワイト企業で定時退社できる環境ならいいですが、毎日深夜まで働いて企業の商品のことしか考えないのは本当に苦痛でした。

自分とはなんなのだろうか？

存在する意味はあるのだろうか？

そう思い悩むことが日に日に増えていきました。

ユーチューバーとしての目覚め

活動するにあたって、まずは自分自身を見つめ直し、どんな価値を世の中に提供できるかを考えてみることにしました。

大学生の頃は経験不足で自分に何も価値がありませんでしたが、社会人経験を経た僕には何かがあるはず。そう思いながら幾つもの方向を探りました。

実は社畜デザイナーとなって活動するまでに、1年ほどＹｏｕＴｕｂｅで活動していました。

広告の事例紹介をするチャンネル、架空の広告を作るチャンネルなどを試しましたが、どれも今ひとつでした。うまくいかなかった理由として思うのは、本当に自分が好きでやっていないということ。それと、世の中に広告のデザインに興味を持ってくれている人は少ないということでした。

世の中のユーチューバーを見て思うのが、本当にその発信している内容が好きで仕方ないのだろうなということです。ＳＮＳで活動するのは仕事ではないので自発的にどんどんしていくことが大事です。むしろ日記を書くような感覚で、苦でもない状態でコンスタントに動画をアップする必要があります。

その時に、お金のためとか、承認欲求を満たすためとかいう理由で始めると、よほど強い思いがない限り継続はできないように思います。

周囲でも創作活動を始める人が多くいましたが、ほとんどが挫折して辞めていきました。その人たちに共通しているのが、お金のためや、承認欲求のためという邪な気持ちで取り組んでいるということです。仕事であればそれでも乗り越えなければいけませんが、個人での活動をお金や名誉のためにやり始めると、だんだん仕事のような感覚になってつらくなると思います。

広告業界の競争社会に毒されたデザイナーは多いです。そのデザイナーたちで幸せそうな生き方をしている人をほとんど見ません。

個人の活動は、継続していくために負荷がかからないようにしています。広告デザインの仕事は好きですが、わざわざそれを中心にするほど好きなことではないということにここ数年で気付きました。

何だったら世の中の人たちに興味を持ってもらえるのだろうか……。自問自答し、行き着いたのが自分の社畜な暮らしです。

序章で触れた生い立ちからもわかるように、つらいことを乗り越えていく自分が結構好きだったりします。たとえそれが底辺の暮らしであっても、そういうささやかな日常に幸せを感じられる自分のことが好きです。そのためYouTubeのテーマも自分中心にすることにしました。

そうすれば継続できて、負担にもならない。しかも、その暮らしを中心に食事のことや出かけた様子も動画として記録に残すことができる。まさに日記のような存在です。

こうして2年前から「社畜デザイナー」としての活動がスタートしました。

第3章 社畜のメンタル

～精神をすり減らして生きる～

広告業界は鬱だらけ

広告業界で働いていると、周囲の多くの人が鬱になって辞めていきます。

僕が働いているデザイン事務所でも今まで5人ほど鬱になって辞めていきました。業界の知人のことも含めると10人以上は精神疾患になっています。

外から見ると、広告業界のデザイナーは華やかな仕事で自由に働いていると思われがちです。しかし、現場にいる人たちは日々苦しみ悩みながら働いています。その現状が世の中には知られていないなと思います。

華やかなイメージがあるからこそ、若い人は憧れてデザイナーを目指し、この業界に入ってきます。デザイナーの適性がある人は繊細で気配りのできる人がとても多いです。その性質と広告業界のパワハラ体質がミスマッチしていて、働いて数カ月で何らかの疾患が発症します。

事務所の同僚は、ストレス性の蕁麻疹と喘息が出たり、対人恐怖症になり電話に出られなくなったり、躁鬱を発症し、会社に来られなくなった人たちもいます。

幸い僕は働けないような状況にはなっていませんが、明日は我が身と思いながら、なるべくストレスを溜め込まないように心がけています。

近年は、働き方改革によって多少マシになってきていますが、それでも根底に悪しき慣習はいくつも残っています。その悪しき慣習を世の中に伝え、広告業界は想像以上に過酷な業界だと心構えをもって入社することができれば、鬱になることは回避できると思います。

ＹｏｕＴｕｂｅ活動をしている理由のひとつとして、華やかな世界と幻想を持っている人に現状を伝えたいという思いもあります。

なぜ広告業界はブラックな働き方になるのかというと、いくつか要因があります。

ＹｏｕＴｕｂｅでも語ったりしていますが、まだまだ話し足りないことが大量にあるので、この章で思う存分語ろうと思います。

なのでこの章は少し重たく暗い内容になりますが、広告業界を良くするために知っていただきたいことですので、どうぞお付き合いください。

エピソードを書いていく中で、「広告業界は良くない」という視点に寄ってしまっていますが、自分としてはその状況も受け入れています。ただ、変えていかなくてはいけないという気持ちはあります。

場所の奪い合いは精神を蝕む

ブラックな働き方になる理由のひとつとして、広告の仕事は「場所の奪い合い」というのが大きいです。競争は広告業界だけではないでしょうが、ほかの業界の話を聞いていても、広告業界のあり方は良くないと感じます。

世の中には複数の広告代理店があり、各社クライアントから仕事を依頼されて広告を制作しています。

その中にはコンペ形式の案件もあります。コンペとは、企業が広告代理店にオリエンテーションをし、広告の企画を募ります。

お題を受けた広告代理店は、企画をして、それにまつわる広告のデザインなどを広告制作会社やデザイン事務所に発注します。

そして広告代理店は出来上がった企画をクライアントにプレゼンします。プレゼンを受けたクライアントは各社からの企画を比較検討し、ベストなもの1案を採用します。

そうして獲得した広告代理店に正式にその案件を発注します。ここまでしてようやくひとつの案件を獲得することができます。

コンペ形式ではなく、指名の決まり仕事もありますが、そういう仕事は規模も小さく、仮にやっていても現状維持で面白いこともしづらい傾向にあります。そういう仕事をしていても社内的な評価も上がらないため、みんな意地でも新規開拓しようと日々勤しんでいます。

我々デザイン事務所は仕事をもらえるだけありがたいのですが、やっかいなことにコンペ案件はスケジュールがとてもタイトです。

オリエンを受けてから提案まで1カ月ほどしか猶予がなく、一度その仕事がはじまっ

てしまったら1カ月間人権を失うが如く働きつづけることになります。

プレゼンを獲得するために広告代理店からの修正地獄がつづきます。高いクオリティを求めるため、手を抜くことは許されません。広告代理店も獲得しないと意味がないため、死ぬ気で取り組んでいます。

そんな人たちから仕事を受けているので、当然デザイン事務所のデザイナーもその気持ちに応えるように毎日深夜まで作業をして親身に対応しなければいけません。

そして、コンペ案件は金額面も非常にシビアです。

クライアントのお眼鏡に適って採用されれば多額の広告制作費が入ってきますが、獲得できなければ、少額のプレゼン費（10~20万円）しか支払われません。会社レベルで見ればタダ働きのようなものです。

コンペは勝たなければ意味がないので、**この仕事に関わる人たちは勝つために深夜まで残業し、徹夜をし、6時間にもわたる長時間の打ち合わせも平気で行います。定時など関係ありません。**

この仕組みが広告業界のブラック労働の原因であり、この仕組みによってみんな精神を病んでいきます。

あえて、良い点があるとすれば、必死だからこそ実力が磨かれ、成長するというのはあります。

独身率の高さ

しかし、これだけ過酷な労働環境でもみんな文句も言わず黙々と働きつづけています。なぜかというとこの仕事に携わっている人は〝超仕事好きな人たち〟ばかりだからです。仕事のためなら食事もせず、睡眠も削り、プライベートの時間もすべて仕事に費やします（中には器用にプライベートも充実させている人もいます）。

並々ならぬ気持ちで仕事に取り組んでいる人がとても多いです。そして仕事に人生を費やした末に独身でいる人も多いです。**知り合いの事務所や広告制作の会社も独身の人が多く、40代以降の女性の独身率がかなり高いです。**みんな猫を飼うなどして心の隙間を埋めています。40代の先輩たちは今よりもさらにブラックな環境で生き抜いてきた猛者たちです。そんな大先輩に尊敬の念も抱いていますが、一生孤独に生きつづける人生は回避したいです。

僕が仕事で関わっている人たちもバイタリティがあって、広告の仕事を通して何か面白いことをしてやろうという熱い思いを持っていて、何か自己実現をしたいと考えている人たちがとても多いと感じます。

中には仕事の枠を超えて、個人でクリエイティブな活動をしている人たちもいます。僕も今までの人生でそういった方々が身近にいたので、そんな人たちから影響を受けていたのかもしれません。

地獄の数珠つなぎで成り立つ業界

そんなバイタリティのある先輩方と仕事をしていると、**その人たちの働き方に合わせ**

て自分も無茶をしなければいけない場面が頻繁に発生します。

定時後も時間関係なくビデオ会議があり、金曜に打ち合わせをして月曜に提出という労働基準法など無視した働き方になります。

そんな無茶な依頼でも我々社畜に拒否権はありません。当然上司もその働き方を黙認し、広告業界全体がこの働き方に関しては仕方ないという空気になっています。

もしも、この働き方が嫌で仕事を断ろうものなら、やる気がない奴というレッテルを貼られ、その人に良い仕事が回ってくることはなくなり、日々小さな業務を淡々とこなすだけの機械となりはてます。

そのため、みんな嘘でもやる気のあるふりをして、広告代理店の無茶な要望に応え、従順な犬のように尻尾を振って媚を売ります。そして、広告代理店も同じようにクライアントに媚を売り、仕事を獲得するために必死になります。

このような「地獄の数珠つなぎ」によって、広告業界の仕事は成り立っています。

きっと皆、土日は休みたいですし、平日も定時退社してアフターファイブを楽しみたいはずです。しかし、そんな価値観を職場で吐露するなんてご法度です。

皆、心の底では、休みたいと思っていますが、言ってしまうと仕事を失うので、易々とは言えない状況にあります。そのため見かけは仕事好きな人でも、無理して働いている人もいます。

コメントでもよくこんな声をいただきます。

「ブラック企業が生まれるのは、この環境で働きつづける社畜がいるせいだ」と。

ごもっともですが、**実際に現場で働いている身からすると、社畜のせいでブラック企業が生まれるのではなく、ブラック企業（ブラックな環境）があるせいで、社畜にならざるを得ないというのが正しいかもしれません。**

この仕事が好きでやっているのですが、広告業界に順応して良い仕事を獲得しようとすると、社畜となって会社に心臓を捧げる勢いで働く必要があります。

そうしないと無能扱いされて、つまらない仕事だけをやることになってしまいます。

このバランスは難しいです。

1週間有休取得（ただし毎日14時間労働）

みんな無限に働いているので、「この人はいつ休んでいるんだろう？」という疑問をお互い持っています。

特に上司は休むことなく誰よりも働いています。土日も仕事に捧げていて、社長から相当なプレッシャーをかけられていることでしょう。その分給料もかなりの額をもらっていると思いますが、労働時間と業務の大変さに見合った額をもらっているのかは不明です。命を削る勢いで働いているので、心配でもあります。そういう上の人たちが率先的に有休を取得し、定時上がりも積極的にするようにしてほしいなと思います。上司が有休を取って「来週は1週間休みます」とか一度も聞いたことがないので、その人の下にいる身からするとかなり休みをとりづらいです。

でもこんな休みづらい状況でも上司から「有給休暇を消化しろ！」と強制的に指令が

くる時があります。これは大人の事情で、**有休を取得して働くことで、少ない人件費で稼いでいるように見せることができるようです。**そうして上司は社長に有能であるとアピールしています。

しかし、こんな激務で有休なんて取れるわけありません。形式上有休を取得して、裏で作業する「エア有給」が多発しています。

この前も有給を1週間取得しましたが、毎日14時間労働でした。余裕で労働基準法を破った働き方をしていますが、これはあくまで僕が勝手に働いていただけで、会社に強要されたわけではないので心配しないでください（棒読み）。

モラルの欠落した大人たちが集まる理由

デザイン事務所のような小規模の組織では、モラルの欠落した人が大量に存在します。そういった人たちとも仕事で関わらなければいけないので、精神がじわじわと蝕まれていきます。

モラルが欠落した人が多いのにはいくつか理由があります。ひとつは規模の小さい組織には対人関係が希薄な人が集まりやすく、そういう人は相手を思いやる気持ちが著しく低いです。

そして、デザイン事務所やベンチャー企業の面接をいくつか受けてきて感じたのが、選考回数の少なさです。一次面接を受けて、通過すると即社長面接となり、そこで内定が出て条件のすり合わせをします。

そこには、大手企業のようなＳＰＩ試験や適性検査、複数回の面接も存在しません。

そんなザルのような入社試験を通過して来た人たちは、協調性がなく、他者への思いやりも欠如している人が多い傾向にあります。

ただ、僕もデザイン事務所にいる側の人間なので、自分も人間性に難ありということを自覚しながら、少しでも相手が不快にならないように相手の気持ちを考え、気遣いをしなければと考えてはいます。同じ組織にいるということは自分自身もその人たちと同じレベルなので、自分を映す鏡のように見つめ直すようにしています。

そして、モラルが欠落するのにはもうひとつ理由があります。

それは、デザイナーを志す人は自分のことを特別な存在と思っていることが多いこと。

そもそも美術やデザインを学んでいると、「変わっている」を褒め言葉と捉える人が多いです。そして、デザイナー系の人たちはあえて、「自分は変わり者アピール」をしたがります。

このような「変わり者アピ」が行き過ぎた末に相手への思いやりと、自分が対外的にどう見られているのかが理解できない大人へとなっていきます。そういう人は平気で相手に対して罵詈雑言を吐いたりもします。デザイン事務所や広告制作の少し上の世代の人たちは特にこの風潮を引きずっていて、悪びれることなく「クソ野郎！」「殺すぞ！」「F●CK！」などの汚い言葉を相手にぶつけます。常識人が使わない言葉を使う＝独創的な異端者とでも思っているようです。

奇抜な言葉遣いは別にいいのですが、誰かが傷つくようなものの言い方はしてはいけないなと思います。たとえ冗談であっても、冗談かどうかは受け取る側からするとわかりようがありません。

パワハラモンスターが若い芽を摘む

このようなパワハラ発言をする人を、会社の上の人たちが処罰することはほとんどありません。会社は利益を上げている人こそが正義なので、パワハラが横行している状況を見て見ぬふりをします。

そんな文化を知らない新人たちは、パワハラモンスターに心をバラバラに壊されてしまいます。よほどのパワハラ耐性のある人でなければ、広告業界を生き抜いていくことはできません。

モラルの欠落した人を野放しにしてしまっている組織に問題があるのと、稼いでいるからパワハラしてもいいという考えの人がいる限り、広告業界のブラックな体質は無くならないと思います。

僕自身も悩むことも多かったですが、広告業界で働いていく以上多かれ少なかれそういう人はいるので、人間関係は諦めて仕事と向き合うことにしました。

そして仕事をする中で自衛する方法も身につけました。それはパワハラモンスターと関わるときは動物を見るような感覚で接して、彼らの言動を真に受けないことです。

この本を読んでいる方の中にも、パワハラモンスターと戦っている人がいるかと思いますが、病まないように気をつけてほしいです。せっかく好きなことを仕事にしているのにわけのわからないおじさんおばさんたちに、若い芽が摘まれていくのを見るのは耐えられないです。

そして、いろんな大人と関わってきて思うのは、人は歳を取るだけでは大人にはならないということです。最低限の相手への思いやりもできない大人はゴロゴロいます。彼らは小学生レベルの道徳心しか持っていません。

きっと小学生時代は道徳の成績が「1」だったことでしょう。

超高額の単価の裏には落とし穴

広告代理店は仕事を獲得するために必死です。そのため制作サイドが泣きを見るような条件での仕事を受けてくることも多いです。

でも、そういう理不尽な案件も仕方ないと受け入れています。無茶な案件を受けることで相手に貸しを作り、将来いい案件がもらえるかもと期待しています。しかし、**実際は、条件の悪い仕事を受けてしまうと、そのあとも都合よく使われてしまいます。**

とはいえ、さすがにやり過ぎだなという仕事もあります。それは定期購買者あての会報誌を作るという仕事でした。

なんとデザイン費が1ページ10万円という超高額の単価でした。毎月20ページほど担当していたので、そのたびに200万円の売上です（書籍のデザイン費は通常ページ単価2000円ほどです）。

どれだけデザイン費が高くても事務所の利益となるだけで僕の給料は手取り16万です。ですが、末端デザイナーからしてもこういう仕事はありがたく、少しはモチベーション高く働くことができていました。

ただ、単価の高い仕事でよくあるのが、クライアントがブラック体質すぎて他社では受けてもらえず、高単価とすることで受けてもらうというパターン。

デザインのやり取りもとても大変で、クライアント確認と修正作業が延々と続きます。

そして、入稿当日となった時に事件が起こりました。

通常、デザインが完成したら、広告代理店の営業がクライアントに最終確認をとって校了（クライアントにこれ以上の修正が入らないことを承諾いただくこと）、そして入稿（デザインデータを印刷工程に進めること）と進めます。

広告代理店の営業はわざわざ九州にあるクライアントの本社に出向いていて、入稿に向けて最終の社長確認をしています。こうやって広告代理店のクライアントファーストな働き方を見ていると、どの会社でもみんな身を削りながら働いていて大変だなと感じます。

その日は、入稿に向けて先輩とスタンバイしていました。何ページもあるので、先輩と作業を手分けしています。

夕方になり、「締め切り」に設定した時刻になりました。それまでに来ていたクライアントからの修正内容は反映し、あとは校了のゴーサインを待つばかり。その時、代理店の営業から電話がかかってきました。

「社長から修正があるみたいだからちょっと待ってて！　今からメールで修正箇所送るから！」とのことです。

そう言われたら我々社畜は待つしかありません。30分ほど待ったところで、メールが届きました。間髪入れずに代理店の営業から電話も来ます。

「何時にアップできそう？」

想定時間を伝えると

「クライアントが待ってるんだからもっと早くしてくれ！」

と怒号が飛んできます。じゃあなんで聞いてきたんだろう。と思いますが、何も言い返すことはできません。

「待つ」という行為が苦手に

そして僕と先輩は急いで作業をします。この時だけは作業スピードについて来られないMacの処理速度にイライラします。画像データも多く扱っていて、ページ数も多いのでデータがかなり重いです。

そして修正したデザインを提出し、代理店担当者にも電話で報告し、またしばらく待ちます。

ただひたすらに待ちつづけます。犬のように待ちます。

この時すでに夜21時ごろで、もう終電で帰れないことを覚悟し始めます。先輩はこの状況に慣れているのか、机に突っ伏して仮眠をとっています。僕は電話がきたら2コール以内に取らないといけないので、寝ずに待機します。この待ち時間に今までの制作物をポートフォリオ（作品集）にまとめたりしています。

1時間待ったところで返事がきました。またしても修正があるようです。このやりとりをあと2回繰り返します。デザインの修正とクライアント確認を繰り返し、どんどん時間が過ぎていきます。結局校了したのは深夜3時すぎです。

このクライアントは毎回こんな働き方を要求してきます。今は受ける回数も減ってきましたが、多かった頃は毎月依頼がきて、入稿日は深夜4時頃まで対応していました。

印刷会社の担当者は、僕たちがデータを送ってから作業開始なのでさらに大変です。みんなお金で買われて働いている奴隷です。

ほかの案件も担当しているので、寝ることなく翌日も朝から働きます。先輩は帰宅して仮眠を取ってから出社します。いい身分です。

この生活がいつまでつづくのだろうと不安に思ったり、このままだと脳梗塞になって死んでしまいそうとか思うこともありましたが、心のどこかでこの働き方を楽しんでいたりもします。

ところで、広告業界に入って意味がわからないと感じたのが、こうした待ち時間です。

待ち時間の多い仕事を繰り返したせいで、待つという行為が苦手になりました。

ラーメン屋で並ぶのも苦手となり、美味しいラーメン屋に行くことはすっかりなくなってしまいました。

「みなし残業」という悪魔との契約

こんなブラックな労働環境を支えているのが「みなし残業」です。これは悪魔との契約に近く、これを結んだら最後、どれだけ残業しようが残業代は0円です。

僕のYouTubeでも、こんなに働いているってことは残業代で稼いでいるんだろうと思う方もいるようですが、どれだけ働いても給料は変わりません。

広告業界、特にクリエイティブ職はこの制度を取り入れているところが多いです。

みなし残業とは、最初から一定時間分の残業代が固定給の中に含まれている残業代のことです。

働けば働くほど時給換算では安くなっていきます。先日恐る恐る時給換算をしてみた

ところ、月によっては時給500円台で働いていることもありました。

このみなし残業制度によって、デザイナーはどれだけ働いても豊かにならず、働けば働くほど気力体力を失います。

十分なお金と時間があればストレス発散方法はいくらでもあるのでしょうが、お金も時間もないためストレスは溜まる一方です。お金も時間も使わないストレスの発散方法を見つけられないと、いずれ鬱になってしまいます。僕は今、薄給激務ながらもなんとか工夫しながら発散することができています。

しかし、みなし残業が絶対に悪いかというと、そうではないのが難しいところです。デザインの仕事は時間では区切れないこともあります。時間がたくさんあれば良いアイデアが出るというわけでもなく、短い時間で良いアイデアを大量に生み出す人もいます。

優秀な人ほど短い時間で仕事ができるので、もし残業代が発生してしまうと仕事ができない人ほど稼げるというおかしな仕組みになってしまいます。

ただ、今の職場では、みなし残業によって労働意欲が下がるので、成果主義を取り入れてほしいです。

やればやるほど損をする

弊社だけかもしれませんが、デザイン事務所には作業の遅い人の手伝いをするという風習があります。そのためどれだけ迅速に作業をしようが、遅い人がいればその人の手伝いをするのです。

チームで仕事してるんだから当然でしょと思う方もいるでしょうが、これに関しては裁量労働制やみなし残業と相性がかなり悪いです。

優秀で手が速い人ほど多く生み出し、良質なデザインをします。一方で作業が遅くデザイン力も乏しい人もいます。優秀な人がそんな人を手伝って、長時間労働になっても残業代は発生しません。この仕組みは本末転倒に思えます。

デザイン事務所では、みなし残業の良くないところだけが活用されていて、やればやるほど損ばかりです。

でもこんな制度の中でも夢を持って、今は修行の場だと割り切って働いています。経験を積んで、今よりもいい環境に転職し、自分の理想とする働き方を手にしたいです。

38℃以下は平熱

ブラック企業で長年働いているといろんな事件が発生します。

働きつづけることでどんなパワハラにも揺るがない鋼の心を手に入れましたが、最初の頃は本当に苦しかったです。

ブラック企業では、人員も少なく休むことは基本的に許されません。年末年始など事前に休むことがわかっていれば休めますが、急に休むと代わりの人がいないので、残された人の業務量が爆増してしまいます。

それはたとえ体調不良であっても絶対に許されません。

ある日目覚めると体調がかなり悪く、熱を測ると37・8℃ありました。真っ先に考えたのは仕事のことです。その時は繁忙期で、自分の担当している業務も大量にありました。こんな時に休んだら殺されると思ってしまい、体からは熱による汗と焦りによる冷や汗が噴き出していました。

結局僕には休むという選択肢はないので、這いつくばりながら出社しました。事務所に到着後、上司には熱があることを伝えたのですが、「お前は体調管理もできないのか！　体調管理も仕事のひとつなんだからしっかりしろ！」と注意を受けました。上司は相当な健康オタクのアラフィフ女性（独身・彼氏なし）で、仕事のために生きているような人です。なので健康管理も徹底的に行っていて、朝は自家製スムージーを飲みながら仕事をしています。

僕も金銭的に余裕があれば、栄養のあるご飯を食べて体調を整えたいです。そんな悔しい思いで毎日チョコスティックパン（120円）を食べていました。

一応翌日は午前中に病院に行くことを許可してもらいました（弊社の外出は許可制）。そして、病院で薬を処方してもらい、働きながらなんとか平熱まで戻すことができました。**治るまでの間も通勤するのがつらかったので、事務所に泊まり込みながら3日間過**

ごしました。

その間は声もカスカスでしたが、代理店から大量の電話がかかってくるので5～10分ごとに電話応対もしました。その時は早くこんな場所から抜け出したいと思いましたが、今は上司の言うことも一理あるのかもしれないと思うようになりました。健康管理も仕事なので、これからは気を引き締めて働こうと思います。

事務所の同僚や先輩はと言うと、僕がくたばりながら働いてる様子を見ても一切心配することなく、「こんなクソ忙しい時に風邪引いてんじゃねえよボケ」という反応でした。

血も涙もない環境ですが、仕方ありません。みんな自分のことに必死で、誰かを思いやる余裕は一切ありません。同僚たちもみんな囚われの身で、広告業界の最底辺を生き抜く奴隷たちです。**そこに仲間意識は生まれず、お互い足を引っ張り合う下っぱ根性が育まれていきます。**社員同士が協力し合えているような組織は、みんな大人で余裕のある人たちが多いんだろうなと思います。

これだけ過酷な労働環境なので、当然大病を患って辞めていく人が後を絶ちません。ほとんどが鬱などの精神疾患ですが、上司は病んで事務所を去っていく人たちに対して労いの言葉をかけることは一切ありません。

ブラック企業では社員を駒としか思っていないため、戦えなくなったデザイナーに価値はありません。

さらにこの働き方を拒否しようものなら、上司が社長に「あいつはやる気がない」と内通し、無理やり退職へと追いやるということもあります。

身内の危篤よりも仕事

仕事は基本的にとても好きですが、デザイン事務所で働いていて一番辛かったことがあります。辞めようと思うほどつらい出来事でした。

その日もいつも通り働いていました。冬の大きなキャンペーンに向けてデザインを粛々と進めていました。とても忙しい状況だったので、何週間も泊まり込み勤務中でした。

仕事に追われている時に、母から携帯に着信がありました。祖母が危篤状態との連絡です。電話を終えた僕は、仕事を終わらせてすぐに実家に帰らなければいけないと思いました。ですが、その日も仕事が山積みです。頭の中は焦りで埋め尽くされてしまい、結局夜まで働きました。

そして、夜9時に上司と先輩と僕の3人で打ち合わせがありました。そこで意を決して上司に状況を伝えることにしました。「祖母が危篤状態なので、明日実家に帰りたいのですが大丈夫でしょうか?」と相談しました。

上司はかなり渋っていて、今は大変な時期だからひとりでも欠けるときついというようなことを濁しながら言っていました。

その時、隣にいた先輩はまともな人だったので、「帰ったほうがいいよ」と言ってくれました。

なんとか上司からも休むことを許可してもらい、翌日は帰省することができました。

しかし、その時に捨て台詞のように吐かれた上司の言葉が今でも心に引っかかっています。

「帰ってもいいけど、私なら帰らないけどね」
「帰るのはいいけど自分の将来のことも気にしなさいね」

人の生き死にの時にこんなことを言ってくる人間がいることが衝撃的でした。こんな血も涙もない人間と一緒に仕事をしなきゃいけないのか。家族を犠牲にしてまでつづける価値のある仕事なんだろうか。

この出来事が起きるまではデザインが好きで、仕事のためならいろんなことを犠牲にしても仕方ないと思っていました。その価値観がこの一件で大きく変わりました。仕事はしながらも大切な人との時間は大事にできるような人間を目指していきたいです。

ちなみに上司は10年以上帰省もしていないようです。

対価0円では神も細部に宿らない

デザインの仕事は時間で測ることが難しく、徹夜をして仕上げることもよくあります。突き詰めることは重要ですが、費用対効果のない領域にまでひたすら時間を使います。以前ある案件を進行していました。某キャラクターのイラストを使用した広告で、規模も大きいため気を抜くことは許されません。

僕は事務所に泊まり込んで延々とイラストの制作を進めました。神は細部に宿るといいますが、この某案件を通してその心意気を習得することができました。そのくらいこの仕事は心に刻まれています。その反面、心的ストレスが大きすぎたのか、ある期間の夏から秋まで記憶がほとんど残っていません。**過剰なストレスを感じると防衛反応が働き、記憶を失うのだそうです。そのため、後から制作物を見返して、その時の思い出を振り返るようにしています。**

その案件はかなり過酷でした。ロケ撮影も過酷ですが、事務所にこもりっきりで作業するのもなかなかにメンタルにきます。

精神をすり減らしながら、細かなディティールを検証を繰り返します。

自分の中でぎりぎりまで突き詰めたものができた段階で、自信をもって上司に確認してもらいます。

しかし、上司からOKが出ません。上司は別の案件で忙しいため、この案件は僕に任せてくれていました。

何度も何度も修正を重ねていきます。しかし一向にOKが出ることはなく、その日は眠ることなく朝を迎えました。

眠気は限界に達していました。何度もトイレの洗面所で顔を洗い、眠気を誤魔化しながら修正作業を繰り返します。

眠くて意識が飛びそうになりますが、耐えつづけます。一睡もせずに作業をしていると、思考力も低下し、まともな判断ができなくなります。そして、何が正しいのかわからず延々と無駄な作業を繰り返します。おそらく上司も寝ずに僕のデザインを確認していたので、お互い「脳死状態」でデザインと確認をしていたのでしょう。それでは終わるはずもありません。

普通の会社であれば残業代が発生するため、その作業を残業してまでやる価値があるかどうかの判断が必要です。しかし、弊社のようなブラック企業では、どれだけ働こうが残業代はなく給料は定額です。そのため、意味がない作業でも平気で命じます。

徹夜しながら細部にこだわった広告が世に出たところで生活者にとってはどうでもいいことです。気づく人さえいません。そんなこだわりの価値は0円です。

いままでは神は細部に宿ると信じて作業していましたが、そんなのは前時代的なのかもしれないと思うようになりました。いまや広告をじっくりと見る人もいないのに、毎日徹夜して命を削って作る価値はあるのか？　と疑問に思います。

疑問が増えると、今の自分がやっていることに自信が持てなくなり、デザインにも迷いが生じます。

もし残業代が出て、適正なお給料が支払われていれば、今の自分の仕事は価値あることをやっているんだと思えますが、この労働環境と給料ではそんなポジティブな気持ちになれません。

軟禁生活「終電で帰られたら困る」

今になって思うと、上司は単に僕をいじめているだけかもしれません。僕の前に勤めていたデザイナーも、こんなふうに理不尽なことを強いられていたんだろうなと思います。一度だけ上司と飲んだ時に身の上話をされたことがあるのですが、上司自身も若い頃はプライベートを投げ捨て、事務所の床で眠り、毎日泊まり込んでいたようです。その時の経験が基準になっているため、僕たちに尋常じゃないパワハラをしても悪意はなさそうです。

上司も雇われの身で苦しいことも多いんだろうなと思うこともあります。売上の数字に追われているので、周囲にパワハラをしないといけないという状況も多々あります。

パワハラ上司は、僕たち同様に広告業界の奴隷制度の犠牲者なのかもしれません。そう思うことで、パワハラや理不尽な修正をほんの少し受け入れることができます。

僕が入社したばかりの頃、上司からあることを宣告されました。その日も深夜まで残業をしていて、終電が近かったので上司に退勤許可を願おうと話しかけました。

「そろそろ終電なので帰ってもいいでしょうか？」そう僕が問いかけると、上司は「終電で帰られたら困るんだけど」と言い放ったのです。

この時は上司が何を言ってるのか理解できず、僕の頭には「？」が浮かんでいました。それを察して上司はさらに説明をつづけました。

「深夜でも代理店から電話が来るから帰らないでほしい」と。繁忙期ともなると事務所に電話の音がひっきりなしに響き渡ります。

僕は拒否することもできず、上司の命令を聞くしかありませんでした。その要求を飲まないことはクビを意味します。

その日から週6回の泊まり込み勤務となりました。月曜にお泊まりセットを持って出社して、日曜夜に自宅に帰る。そしてまた月曜に泊まり込みに行くという生活を3カ月ほど繰り返していました。

毎日昼ごはんはチョコスティクパンで夜は牛丼。たまに贅沢をしてネギ玉牛丼を食べることでメンタルを保っていました。

過酷に思えるかもしれませんが、この生活も慣れれば快適でした。家に月4回しか帰らないので、光熱費も交通費も浮きます。浮いた分を食費に充てるようにしていました。家に帰れないので、体や頭は洗面所で洗うようにしていました。それでも臭いらしく、上司から「あんた臭いよ」と結構な頻度で指摘を受けていました。

最近は出社しても夜は帰れる日が増えたので、たまには泊まり込みをしたくなります。

鬱になっていった同僚たち

当然こんなブラックな環境だったので、メンタルを病んでいく同僚たちが後を絶ちませんでした。

デザイナーを志す人はセンスがある人が多く、その反面繊細で環境の変化にも弱く、相手からの言動を気にする人も多いです。それだけ周囲がよく見えているのでデザイナーとしての適性がある人ばかりでした。

しかし、繊細なデザイナーが広告業界で働くことはとても大変です。広告業界には平気で暴言を吐く昭和を引きずった大人たちがいます。彼らの言葉はデザイナーの心を最も簡単に破壊します。さらに、無限につづく修正地獄もデザイナーの精神を蝕んでいきます。

こうして何人もの同僚たちがメンタルをやられて退職へと追いやられていきました。

不眠症を発症し、毎日遅刻しつづけ試用期間でクビになった人。

ストレス性の蕁麻疹と喘息が発生して働けなくなった人。

上司からの過剰なパワハラによって対人恐怖症となり電話にも出ることができなくなった人。

理不尽な罵声を浴びせられつづけ躁鬱を発症し、通勤しようとすると急激な頭痛により出社できなくなった後輩。

上司の無意味とも取れる修正指示に納得できず、イライラが抑えきれなくなり、事務所のガラスを割って逃亡した後輩など、多くの精神疾患の患者たちをそばで見てきました。

しかし、見ているだけで何も助けになることはできなかったです。

壊れていく姿を見て、明日は我が身だと思い、自分の身の安全を考えることで精一杯でした。

こうやって働いている間にも同僚たちの精神は蝕まれ続けています。

後輩の裏切り

精神がやられるのは、会社や上司のせいだけではありません。時に同僚や同世代の人が原因で精神が蝕まれることもあります。

以前、鬱で辞めていった後輩がいました。彼はその後無事に就職先が決まったようで、別業界のデザイナーとして勤めています。無事に次の職場が決まり良かったと僕も胸を撫で下ろしました。

ただ、1年未満で辞めていったので、実績もないのにどうやって内定をとったんだろうと少し不思議に思っていました。

それで彼のSNSからポートフォリオサイトを覗いてみると、そこには見覚えのある作品が掲載されていました。僕が広告賞に応募していた自主制作作品がいくつも掲載されていたのです。

後輩とは広告賞の制作物をラインで送り合っていたのですが、まんまと作品を盗まれていました。後輩は僕の作品を自分の作ったものとして面接時にアピールしていたようです。

信頼関係が築けたと思っていた後輩だけに、裏切られたショックは大きいものでした。また、こんな不正を平気で働く人が、世の中をうまく渡っていると思うと悔しくて仕方ありません。

人の作品を盗用することは経歴詐称にもあたるのですが、広告業界ではそのあたりのモラルが欠落している人が一定数います。他者を蹴落としてでも、不正を働いてでも成功を手にしてやろうとする人がいます。そういう人と遭遇するたびに僕の心は擦り切れていきます。

こういう浅ましい心を持つ人が広告業界に多いのは、業界の文化のせいだと思っています。

広告業界では、普通に働いているだけだと一生つらいままの奴隷生活を送ることになります。

そこから抜け出すために、賞を獲って箔をつけることが必要です。しかし、広告の賞はデザインが優れているだけでは獲ることはできず、企画が重要視されます。そのためデザイナーは優秀な企画者（プランナー）との結び付きを強く求めます。プランナーに企画をすべて考えてもらい、ただ言われたデザインをするだけの作業マシーンに成り下がるデザイナーも現れます。僕はそんなので獲った賞なんて自分の実績とは言えないと思います。

しかし、周囲のデザイン事務所や制作会社の知り合いはどんな手段を使ってでも獲ればいいという考えの人がほとんどでした。そうなってくると、**顔が広く、節操もなく**

周囲の人と飲んでコミュニケーションをとっている人が評価されてしまいます。自分の仕事に誇りを持たない、そんな姿勢の人が多いせいで不正を生み出していると思います。

僕は自分が今までいた環境がとても恵まれていたんだなと痛感しました。田舎にいる友人たちはとても穏やかで、純粋な人が多いです。大学からの友人も志高く努力を積んでいて、決して誰かを蹴落とそうなんてことはしません。

純粋な人たちに囲まれて育ってきたので、広告業界のどろどろとした人間関係に嫌気が差します。

さらに、僕が広告賞を獲ったことや、ＹｏｕＴｕｂｅでの活動をどこからか嗅ぎつけて、すり寄ってくる人が現れてきました。その度に、これまで僕の周囲に現れては消えていった人たちの嫌な思い出が呼び戻され、距離をとりたくなってしまいます。

そうして僕はどんどん孤独になってしまいます。

でも中には悪どさを感じず、純粋にクリエイティブが好きなんだなと思える人たちもいます。最近はそういう人たちとの関わりや仕事も増えてきて毎日が充実しています。

自分の無力さが嫌になる

周囲の人たちによって精神を蝕まれていますが、結局この状況を受け入れているのは自分で自分自身にも原因があるということです。

最初の頃は、上司のせいでメンタルがやられていると思っていましたが、だんだんと考えが変わりました。

同じ職場にいるということは僕も上司も同レベルの人間であり、上司もブラックな環境にいる社畜。その下にいる僕も当然社畜です。

だったらほかの環境に移ればいいけど、そうしないのは易々と動けないからです。

圧倒的な実力があれば、ホワイトな環境にも行けますし、今の職場でもうまく立ち回り、ブラックな労働を回避できるはずです。

結局、自分に能力も才能もないので、身を粉にしながら働いて、代理店からの無茶な仕事の依頼を断ることもできずに疲弊しつづけています。

もっと自分の能力を発揮できる場があるはずで、頑張ればそこへ行けると思っていましたが、甘い考えでした。そんな都合よくベストな環境が揃うわけがないです。今いる環境で高いパフォーマンスを出しつづけることが大事です。

そんな自分の無能さが嫌になります。

ブラックな環境によって自分の能力が損なわれていると思っていましたが、そんなことはなかったです。劣悪な職場に集い、社畜をしているのは、その人自身にも問題があるからだということが見えてきました。（もちろん会社側にも問題はあると思います）

自分の敵は自分自身です。環境のせいにするのではなく、自分と向き合い打開していかなければと思うようになりました。

限界を迎える肉体と精神

この章の終わりに、自分自身の体と心に起きた変調についても記しておきます。自分では、このブラックな環境に順応したと思っていますが、冷静に俯瞰するとかなり危ない状態だった、いえ、今もそうであることに気づきます。

メンタル疾患は心だけの病気ではなく、睡眠不足によって脳がリフレッシュできないことによる体の病気でもあります。

泊まり込み勤務による軟禁生活がつづいたときは、睡眠不足に加え、太陽の光を浴びる機会も減り、体をほとんど動かさなくなってしまいました。そうするとどんどんネガティブな思考になっていき、泊まり込み勤務終盤には死にたいと思う時がありました。

こんな仕事を繰り返して一体何になるんだろうか？　今自分がやっていることは正しいんだろうか？　もっといい職場があるのではないのか？　いろんな思いが巡った挙げ

句、何も考えられなくなり、時間だけが過ぎていきます。

どう考えても体は赤信号を発していて、異変を感じつづけているのに、忙し過ぎて病院に行く暇もなく体と心がどんどん蝕まれていきました。

日によっては、気がつくと夜になっていて日中の記憶が飛んでいるということもありました。たまに出社している時も仕事が嫌過ぎて、通勤の間の記憶が抜けていたりします。気がつくと仕事が始まっていて、心を無にしながら業務を繰り返します。記憶を失うことで自衛していました。

さらに繁忙期は、コーヒーを毎日大量に飲んでいました。朝にブラックコーヒーを2杯、日中に2杯、夜に2杯、深夜に2杯。そうしないと眠気が限界で瞼が自然と落ちてきてしまいます。

カフェイン中毒だったのでしょう。度重なるストレスもあって、胃腸が荒れてしまい、血便をすることも増えました。便器いっぱいに鮮血が飛び散り、それをバレないように掃除しました。

「心療内科で「軽度の鬱かも」

しかし、病院に行けるわけでもなく働きつづけました。体も心も壊れる寸前ですが、この仕事をつづけたいという気持ちが勝っていました。

やるからには何か成し遂げたい。何かを生み出して世の中に残したいという思い、でもまったく自分のアイデアを世の中に出せない苦しみ、その思いがずっと渦巻いています。

毎日パワハラとブラックな労働によってぎりぎりでしたが、歯を食いしばりながら働きつづけていました。

そんなある日のことです。

徹夜明けでお風呂に入れなかったので、朝シャワーを浴びていると、膝から崩れ落ち、体が動かなくなりました。

脳みそは出社しようとしていますが、体がそれを拒否したのでしょうか。僕は動けるようになるまで、風呂場でしゃがみ込んでいました。

さすがにこれはまずいと思い、心療内科を受診しました。結果は軽度鬱かもしれないということでした。

鬱ではないけれども、今のような状況が数年つづけば危険という話でした。

しかし休むなんてことは許されないので、その後事務所に1週間泊まり込んで働くことで、鬱を体に馴染ませることにしました。出社する時つらいのであれば、起きた瞬間から職場にいればよいという理論で働きつづけたのでした。その試みは一応「成功」し、今もなんとか元気に働くことができています。

広告業界で働く以上、このブラックな環境はなくならないので、激務とうまく付き合っていくしかない。

世の中に何かを伝えたい。人の心を動かしたい……本当に追い込まれるまでは夢を諦めたくないので、まだもがきつづけます。

また、ＹｏｕＴｕｂｅをやるうちに、同じような環境で苦しんでいる人の心の支えになりたい、僕みたいな人間でも生きていくことができているということを伝えたいとも思うようになりました。これも大きな動力となっています。

同志たちからコメントをもらうことが多く、その度に今の生活も少しは意味があるんだと思い、嬉しくなります。

ＹｏｕＴｕｂｅ活動を通して、苦しんでいる人の支えになりながら、僕自身も救われています。

第4章 社畜の楽しみ

～質素に生きる～

創作活動が最高の娯楽

苦しい社畜生活でも、ささやかな楽しみがあることで生活は潤います。

一番の楽しみは、創作活動。それ自体が好きなのでつらい仕事の中でも楽しみを見出しながら働くことができています。そういう意味ではデザイナーという仕事は天職です。

幼少期から、モノ作りをしてるだけで1日があっという間に過ぎることがありました。砂でダムを作ったり、カレンダーの裏面に絵を描いたり。今やっている広告のデザインや個人の創作活動はその延長だと思います。

何年もの間自分の欲求の赴くままに創作活動をしていました。作ることが好きな理由として、自分の脳内を具現化し、人に届けることがとても楽しいのだと気づきました。

僕は世間でいうところのコミュ障というものにカテゴライズされる人間でして、幼少期や思春期はその性格で悩まされました。

ただそんな自分でも、作るということであれば自由に脳内のことを具現化できました。その楽しさを子どもながらに感じていました。子どもの頃の「カレンダーの裏」以上に、今は自由な枠組みで物事を捉えることができて、それを妨げるものは何もありません。

さらに中学高校の頃にパソコンに触れたことで、創作の可能性が一気に広がりました。幸い学校の授業でも情報という授業があり、そこでイラレ、フォトショ、3Dなどあらゆるソフトを一通り触り、表現する手法を知ることができました。

大学生では友人にも恵まれ、創作活動だけでなく友人と過ごす時間も増え、充実した日々を送っていました。

そして社会人となってからは、デザイン事務所という悪魔のような労働環境によってあらゆるものが奪われました。友人との飲み会はドタキャンしまくることになり、誰ともスケジュールを合わせられないので彼女もろくにできず、お金もまったくないので一般的な娯楽を楽しむということはまったくと言っていいほどできませんでした。

たまに映画を見るのが好きなデザイナーと話すことがありますが、映画館に行って映画を見ることすら僕にとっては贅沢でした。

映画館で数千円払うことすらできないような状況なので、映画の話題が苦手になっていきました。

社畜生活も作る楽しみに変換

すべてを奪われた僕に残ったのは創作活動でした。創作することはお金も使わず、少しの時間と集中力があれば十分です。

社会人になってからはパソコンと向き合い作品を制作しました。個人の創作活動以外にも、仕事での制作も趣味の一環のように捉えて、休みの日でも暇つぶしのように取り組みつづけました。

最初は自主制作でも作ることが大変でした。

仕事では、ある程度代理店から意図が明確になっていることがあるので、そんなに脳を働かさずに作ることができます。一方で個人の創作活動や広告賞への応募作品を作るのは、一筋縄にはいきませんでした。自分で企画をして、デザインもすべて行います。**難易度も高く大変でしたが、作りつづけることで要領をつかめるようになり、楽しさが増していきました。**

特に広告賞は、最初まったく手応えがなかったのですが、何回も挑戦するうちに広告賞の傾向がつかめてきて、審査員の好みも見えてくるようになってきました。

そうなってからは広告賞の課題に向き合うことがとても楽しくなってきて、まるでドリルを解いていくような感覚で取り組めるようになっていました。そして受賞することも増えてきて面白みは加速していき、どんどん創作活動にのめり込んでいきました。

さらに公募形式の広告賞だけでは飽き足らず、次のステップとして「完全に個人の内面の価値観だけで世の中の人の心を動かしたい」と、強く思うようになりました。

そこから個人での自主制作をするようになりました。

広告賞も個人の創作活動も、やるからには誰かに届くものを作りたいと強く思っています。多くの人に届き、誰かの気持ちを動かしたい。

自己満足で終わらないようにすることを心がけていますが、その思いが重荷となってしまい、趣味の創作活動でも少し気持ちが暗くなってしまうことがあります。

そして、悩みながら行き着いた創作活動の形が、今のこのＹｏｕＴｕｂｅです。僕の日々の出来事やその時感じた気持ちを日記感覚で作っています。心の負担にもならず、楽しみながら毎週書き記しています。

地元の田舎の風景や、家族との楽しい食卓の思い出として残すだけでなく、ＹｏｕＴｕｂｅを通して多くの人に見ていただけるのはとても嬉しいです。それとは対照的に、激務な生活も記録として残すことで、毎日やりがいを持って生きることができています。

創作活動を趣味とするのは想像以上にハードルが高いですが、いろんなことを経て今は自分が納得するものを作りつづけられています。

YouTubeを通してみなさんに僕のことを知ってもらうきっかけができて本当に嬉しいです。これがなければ、今ごろ日々仕事に忙殺され、楽しみも見つけられず絶望の淵に立たされていたかもしれません。

サバイバル感覚で楽しむ

僕はもともとつらい環境や貧しい環境が好きなのかもしれません。そのため社畜生活をつらいと思いながらも心のどこかで楽しめています。

それは、家庭環境や自分の生い立ちが大きく影響しています。もともと実家は貧乏ということもなく、両親の稼ぎもそれなりにありました。でも両親は仕事で忙しく贅沢はあまりしていなかったです。

去年帰省した時も、ボロボロの電気ストーブを使っていて、買い換えるように促しても母は「2000円もするからもったいない」と言っていました。

もう子どもも独り立ちしたんだから、好きにお金を使って贅沢してほしいなあと子どもながらに思います。次回帰省した時には実家の家具家電を買い替えてあげようと思います。

そんな倹約家な家庭環境で育ったので、僕の生活水準も低いままで幼少期から大人になるまで過ごしました。そのため、今こうやって社畜として暮らしていますが、この暮らしが貧しくつらいと思ったことはほとんどないです。

でも、他の人に自分の暮らしぶりを話すと引かれることが多く、一般的な人が望む暮らしではないんだなと自覚するようになりました。

毎日炊飯器料理で同じ食事を食べたり、同じ服を着つづけたり、旅行も行かないというのは側から見ると少し変なのかもしれません。

かといって世間が言ういい暮らしをしたいかというと、そういうわけではありません。

大学生の頃はおしゃれな服が欲しいと思ったこともありますが、その頃もまったくお金がなく、カツカツの暮らしを送っていたので、服を買いたくても買えないという状況がつづいていました。

今も全身ユニクロで毎日同じ服を着ていますが、それで十分満足です。

部活から始まったレベルアップ習慣

貧困への耐性だけでなく、労働へのストレス耐性も子どものころに培われていたと思います。「序章」でも触れましたが、ひとつは学生時代の部活動の影響です。

陸上部・中距離長距離の練習はかなり過酷で、毎日血反吐を吐く思いでした。

最初はつらく投げ出したくなりましたが、いつからか考えが変わり、このつらさを乗り切った先に自分はレベルアップできると思うようになりました。

実際どんどん記録は伸びていき、最終的に県大会でベスト8まで残ることができました。**その経験からか、選択肢があるときは、あえて険しいほうを選ぶようになりました。**

今の自分にとってはつらいことでも、それを乗り越えれば、未来の自分は飛躍することができる。

仕事においても同じで、過酷な労働を乗り越えることで成長することができると思えます。

実際、今の職場環境は自分の能力よりも数段高いところにいるように感じます。同僚たちは実力者が多いため、引き離されないように僕は、毎日遅くまで残業し、土日もすべて仕事に捧げてアイデアを考えつづけました。

個人の創作活動も同じ気持ちで取り組んでいます。ほかの人が要領良くやっていく中で、自分はその人たちの何倍もの時間と熱量で取り組まないと追いつかない。そう思いながら、毎日必死に食らいついています。

たまに落ち着いた環境に身を置きたいと思うこともありますが、そうすると自己成長できないという不安の方が勝ってしまいます。

なので、今くらい理不尽で過酷な環境に身を置いているのが今の自分には合っているのかもしれません。

「縛りプレイ」ゲームでも過酷耐性

もうひとつ思い当たるのが、子どもの頃のゲーム体験です。親が厳しかったためあまりたくさんのゲームソフトを買うことができず、一度クリアしたゲームを何周も何周もやっていました。

そのため、限られたゲームで工夫して遊ぶという習慣が身につきました。新しい発見を探す「やり込みプレイ」や、勝手に厳しい制限や条件を設定する「縛りプレイ」というのをやっていました。過酷な条件の中でクリアしていくことの楽しさを感じていました。

ブラック企業での勤務もゲームの縛りプレイに近い感覚があります。

特に広告の仕事は制限も多く、クライアントも一筋縄ではいきません。その無理難題をクリアしていくことに一種の快感を覚えることがあります。

ただ、クリアした時の達成感はとても大きいですが、制作過程の疲労感や提案したデザインがゴミのような扱いをされて作り直しになる時の虚無感も大きいので、楽しさよりもつらさのほうが優ってしまうこともあります。

叶うことなら、ゲームのように楽しみながら企業の課題解決をできるような仕事をしてみたいです。

このように幼少期からの環境や習慣によって、つらい状況を楽しむ姿勢が備わったと思います。

子どもの頃は窮屈に思うこともありましたが、今は両親の教育方針に感謝しています。

その考えのおかげで、ブラック企業に屈しない鋼の心が育まれました。

一石何鳥にもなる炊飯器料理

上司から言われた言葉に「デザイナーたるもの食事に興味を持たなければいけない」

というのがあります。自分の体がどんな食べ物で構成されているのか、食という自分の身近なことにすら興味を持てないデザイナーは、何をやらせてもダメだというのが持論なのだとか。

そんなことを言うのなら、社員の給料をもっと上げて、残業を減らして自炊しやすい環境を作ってほしいです。

その矛盾に反発して去っていった同僚は数多くいます。いつだって会社は綺麗事と絵空事しか語りません。

僕もコロナ以前は精神的にも金銭的にも時間的にもぎりぎりで、朝食にカロリーの高い菓子パンを食べて、昼食は忙しすぎて食べられず、深夜2時に吉野家に寄るという食生活でした。

そのころは自炊する心の余裕などありませんでしたが、コロナ禍のリモートワークで一変しました。

リモートワーク中、朝は自宅のコーヒーメーカーでコーヒーをいれて、プロテインを飲んでいました。朝食は完全にルーティン化していて、朝に固形物を入れない方が調子も良く、集中して働けるようになりました。

昼食は卵焼きを作って5分で食べるようにし、仕事時間を確保しています。

晩ごはんは、仕事の連絡が少なくなる21時以降に食べるようにしています。これが一番重要で、1日で不足した栄養を一気に摂るようにしています。

しかし、激務なため平日に自炊する時間はとれません。

その中で編み出したのが、炊飯器料理です。週末に大量の作り置きをすることで、栄養満点の晩ごはんを毎日食べることができています。

もともと料理が億劫で、楽しさを見出せなかったのですが、食材を入れて炊くだけの炊飯器料理にすることで、料理することが楽しくなりました。

食材を切ることでストレスを発散し、料理を作ることで創作意欲を埋めることもできています。

美味しくて栄養も摂れて楽しめて、**炊飯器料理は一石何鳥にもなっています。**

見栄えは悪いですが、僕にとってはとても美味しい料理で毎日このごはんに助けられています。

そして、作り置きをすることで節約にもなりました。今までは深夜に320円ほどの牛丼を買って、コンビニのカット野菜を足して食べていました。それと朝のコンビニコーヒーと菓子パンを買っているとどうしても食費が嵩んでしまい、月の食費が3～4万円ほどでした。

炊飯器料理に徹底することで、今は食費を2万円ほどに抑えることができています。

そして浮いたお金で生活に必要なものを購入できるようになりました。いままでは家具家電を取り揃えていなかったのですが、少しづつデスク環境を改善したり、調理器具を買い足したりしています。

ただ、今年に入って弊社のリモートワークが半分解除されてしまい、出社の回数が増えてしまいました。なんとかして栄養満点の食生活を守っていきたいと思っています。

お金がなくてもそこそこ楽しめる時代

いろいろ強がりは言いながらも、贅沢をしたいと思う時もありました。美味しいお寿司をたらふく食べたい。好きな服をたくさん買ってファッションを楽しみたい。機材を好きなだけ買って創作活動を充実させたい。有休を1週間取って海外旅行に行きたい。考えればいくらでも欲望は出てきます。

でも現実的に考えて手取り16万円でそんな贅沢ができるはずありません。欲しいものを手に入れることができないことにとてもストレスを感じることもありました。

さらに仕事もとても大変で、それを発散する場もありません。

お金のない暮らしはとても苦しく、その苦しさをお金で晴らすこともできないので悪循環に陥ることもありました。

しかし悩みながらも、労働しつづけることで煩悩は削ぎ落とされていき、欲求はなくなっていきました。

そして、リモートワークによって家で過ごす時間が増え、安価でできる楽しみを見つけ出すようになりました。

今、低価格で楽しめるものがたくさんあります。特に動画コンテンツはとても豊富です。ＹｏｕＴｕｂｅやアマゾンプライム、ネットフリックスなどたくさんあります。

土日はお菓子を食べながら動画を見たりしています。もちろん視聴中も仕事をします。ＹｏｕＴｕｂｅはニュースも見れますし、書籍をまとめているチャンネルや雑学系のチャンネルもあって、動画を流しているだけであらゆる知識を得ることができます。

本をなるべく読むように意識した時期もあったのですが、読書はとても集中力を使って疲れてしまいます。その点動画は手軽に視聴できて、他のことに集中力を割くことができるのはとてもいいです。（情報の吸収量は集中して読む分、本の方が多いので一長一短です）。

娯楽以外にも衣類はユニクロなどの低価格でしっかりとした服があるので、そこで買えば事足ります。

家具家電も安価なものが世の中にはたくさんあります。最近の家電は機能が増えた分、高価なものも多いです。しかし、最低限の機能を備えているだけの家電であれば安く購入することができます。電子レンジなら温め機能のみ冷蔵庫なら冷やす機能があれば十分です。

さらに旅行に行きたい欲求も工夫によって満たすことができます。

わざわざ地方に行かなくても、近場にはなんでも揃っていて、目新しい場所も多く刺激になります。

それに今は半分在宅勤務なので、出社しない日は少し出かけてカフェで作業することで気分転換もできます。

食においても、コンビニスイーツやお菓子がかなり美味しいと感じます。

最近は家の近所のお菓子屋さんでシュークリームやフィナンシェを食べてモチベーションを上げています。

食にこだわりがないからこそ、安いお菓子で満足できる体になりました。僕の感覚の何もかもが、かなり低水準なので、何を食べても美味しく感じますし、何を着ても暖をとれるだけで満足感があり、都内のありきたりな場所でも新鮮な感覚で楽しめています。

捉え方ひとつで、安く充実した暮らしを送ることは可能です。しかし、この暮らしには難点があります。将来結婚を意識すると、パートナーの理解を得ることはなかなか難しいということです。そのため今も僕は孤独なまま過ごしています。

他者と比較して得られる幸せは偽り

社畜生活のおかげで、いくつもの楽しみを見つけられるようになりました。仕事は忙しいですが、自分としてはそこそこ充実していて、この暮らしが好きだったりします。

しかし、こういう暮らしを別の業界の人に話すと異常者のように扱われ、仕事ばっかりでつまらない人生と思われることも多々あります。

今では友人や仕事関係の人も比較的理解のある人が周りにいますが、たまにかなり驚かれることがあります。その感情にはなんとなく、驚きのほかに、憐れみや蔑みも含まれているように思います。

そういう反応を何度か受けると、自分の中で「僕のこの暮らしは世間一般の考えからすると不幸せなんだ」と思い知らされます。

しかし、同業で忙しい人からすると、「広告業界の激務なんて当たり前」、「好きなことをできてるんだから激務でも楽しい」という人たちも大勢います。でもその感覚はごく少数派です。

中には、世間から可哀想と思われたくなくて、虚勢を張って、「私仕事に打ち込んで輝いてます」感を出す40代独身の人もいたりしますが、そう自分で思い込まないとつらくなってしまうんだろうなと思います。

僕も自分の生き方を肯定していかないと、「仕事ばっかりの人生とか終わってるな……」と考え込んでしまう時もあります。

しかし、周りと比較してもキリがありません。うちの母もよく言っていました。「他所は他所、うちはうち」と。そんな暇があるなら自分の目の前のことに打ち込むのみです。

同僚も同じように悩んだ末に鬱になり、デザイン事務所を去っていきました。少しでも心に歪みが生まれるとそこから一気に崩れ落ちていきます。

そこで心を強く保つ方法としては、「周囲と比較しない」ということに尽きます。周りと比べるから、自分の生き方に不安が湧きます。

本来、幸せの尺度は人それぞれ違うので比べることなんて難しいはずです。

ところが、SNSの発達によって比較しない生き方がほぼ不可能となりました。Inには旅行や高級料理の写真をアップし、Twitterでは自慢話をし、みんな幸せを周囲にアピールすることで自我を保っています。世の中、幸せを自覚するための「マウントの取り合い」だらけです。

そのマウンターたちがはびこるこの世の中では、自分の生き方が相当好きで、自信を持っていないと心が揺らいでしまいます。

毒のような存在でも

僕も誰もが羨む丁寧な暮らし系ユーチューバーになりたかったですが、自分とは対極の存在なので今の動画に落ち着きました。

それに自分の生き方を肯定できるようになったのもSNSのおかげだと思います。いろんな人がいて、憧れの暮らしもあれば憧れない暮らしもあります。

その価値観も多様で、良いとされているものが受け入れられることもあれば、人は悪いものを受け入れることもあります。

人間たまには毒を喰らいたくなるものです。その毒のような存在がYouTube上にもリアルな生活にも、いて良いんじゃないのか？　と思うようになりました。

そう思い始めてから、自分自身の社畜生活も、貧しい暮らしも、孤独な独身生活もとても好きになってきました。

無理に背伸びせず、毎日同じ服を着てても逆に心地よく、周囲からみっともないと思われていても「これが自分なんだ」と思えるようになりました。

それに、こんな社畜生活を乗り越えている自分のことが結構好きだったりします。いつも別視点の自分が空中に浮いていて、自分の暮らしを楽しみながら見ています。自分の社畜生活が好きなのと同様に、自分の作り出すクリエイティブも好きだなと感じることがあります。

そんな自分が好きなことで、恥ずかしげもなく公開することができる。好きだから成せることです。

たまに自主制作を公開するのを躊躇う人もいますが、もっと自分自身の作ったものを愛して、それを世に出していくと良いと思います。作りつづけて、世の中に出す。それをつづけることで道を切り開くことができます。

何年か前に社会学の本を読み漁っていた時があります。そこには、「自分を定義づけるのは周囲の人たちだ」と書かれていました。

仮に周囲からおしゃれで、仕事ができる人と思われたいと願っても、それは周囲がその人を定義づけることでその人は存在します。

広告業界にいると「自称すごい人」によく遭遇するのですが、そういう人は自己評価がとても高く、周囲の人に自分はすごい人だと思われたそうに振る舞います。

しかし、自己評価と周囲からの評価にズレが生じることがあります。

そうすると、その自称すごい人は周囲の評価に納得いかず、聞いてもいないのに自分がいかにすごいかを語ったりしてきます。

そういう「自称すごい人」と関わるたびに、周囲からの評価を素直に受け入れることはとても大切なんだと気付かされます。

僕はというと、周囲から社畜と思われることが多かったので、その評価を素直に受け入れ何か発信していこうと思いました。

でも、心のどこかでは、自分の目指すべき目標を持ちながら、周囲から一目置かれる存在となるべく、賞を獲ったり、いい広告を手掛けたりして、日々邁進してこうと思います。

実績を重ねて周囲からの評価を変えていくことでまた違った世界が見えてくるのかも

しれません。

第5章

それでも社畜が
頑張れる4つの理由

誰かの心を動かす仕事がしたい

僕は社畜として激務の中で働き、その暮らしをYouTubeで公開しています。するとよくコメントで「何のために生きてるんですか?」や「なんで辞めないんですか?」という声をたくさんいただきます。

それの答えとしては、「この仕事が好きだから」と返してはいたのですが、それでもきっと視聴者からすると、好きでつづけられるような状況じゃないように見えているんだと思います。

僕の職場は「好きだから」だけでは片付けられないほど理不尽で過酷な労働環境にあるようです。広告業界はどこもブラックで、知り合いも1カ月休みなく働いているというのをよく聞くので、それに比べれば僕はまだマシだと思って働いていました。

でもどれだけつらくてもデザイナーとして働きつづけられるのにはいくつか理由があ

ります。

この章では僕はなぜこんなブラックな環境で頑張りつづけられるのか、話したいと思います。

最も大きな理由は、「人の心を動かすような仕事がしたい」からです。これが根源的な思いで、僕を突き動かしています。

感動したり、喜んだり、ワクワクしたりと、人の感情が動くことはとても尊く、仕事を通して実現できているのはとても嬉しいです。

僕自身も幼少期から学生時代に見た広告で心を動かされ、大きな憧れを感じていました。いつか僕も人の心を動かすような広告を手掛けたい。

そう思って大学ではデザインを学び、デザイン事務所へと就職しました。

でも今となってみれば純粋にエンターテインメントを提供している会社に行った方がいいのかもと思う時もあります。

広告業界で働くことはできていますが、「人の心を動かす」のはとても難しいです。

基本的に広告はクライアントの課題解決を行います。生活者に寄り添った広告はごく稀で、ほとんどがクライアントに寄り添い、クライアントの商品が売れることを切望しながら作ります。

そのなかでも僕たちクリエイターはクライアントの課題を解決しながら生活者にもしっかりと届く広告を手掛けます。難易度がとても高い仕事ですが、その難しさも仕事にのめり込んでしまう要因なのかもしれません。

己が生き方に没頭する

2つ目の頑張れる理由は、自分の生き方が好きだからです。

学生時代の僕は、大手広告代理店に入社して、誰もが知る広告を手掛けて、華やかな生活を送ることに憧れていました。

しかし、現実はデザイン事務所に入社し、手取り16万、6畳1間にひとり、残業だらけ土日休みほぼなし。理想とはかけ離れた暮らしです。

正直、デザイナーとしての自分に限界を感じていた時もあります。

かつて理想として憧れた生活を送ることはもうできません。周囲で優秀な人は新卒から広告代理店に入社し、日々力をつけていっています。そんな人たちとの実力の差を感じながら日々焦り、仕事に追われ、憔悴していく毎日でした。

ただ、その暮らしも長くつづけているとだんだんと慣れてきました。

そして、気持ち的にも前向きになることができ、その暮らしを打開すべく個人での創作活動を数多く行うようになりました。広告賞に応募し、個人でのコンテンツ制作など精力的に活動していました。

最初はなかなか結果につながらず、周囲に自主制作の話しても「そんなの何の意味があるの?」と一蹴され、無駄な努力をしている奴と思われることも多々ありました。なので、本当に信頼している人にしか、個人での創作活動のことは話しませんでした。そして、空いた時間に作業をし、時には睡眠時間を削って寝ずに作品を作っていました。

その中でYouTubeの動画投稿にも手をつけ、自分の暮らしを公開するという狂った行為をし始めました。これも周囲には一切何も話さずひとり黙々と作りつづけていました。

内容はご存知の通り、僕の社畜の暮らしです。始めてしばらくすると運良く動画が見られるようになっていきました。

今までもがきながら作っている広告や自主制作の作品も誰にも認知されず、価値のないものとされているのがつらかったです。

でもそんな終わっている暮らしを世の中の誰かが見てくれて、何かを感じてくれる。それは必ずしも喜びというポジティブな感情ではないかもしれませんが、自分の作った動画で感情を動かしてくれるのはとても嬉しかったです。

その経験から、だんだんと自分の感覚に変化が現れました。

自分の社畜な暮らしが周囲から認められたような気持ちになり、自分の生き方を肯定的に捉えられるようになりました。

それに価値観も広がり、いい暮らしをすることや、広告代理店に行くことがすべてじゃない。今の暮らしでも十分に楽しみながら生きることはできる。そう思えるようになりました。

上を目指してもキリがありません。自分で自分を認めてあげる心がなければいつまでも苦しいままです。

YouTubeを通して、自分の今の暮らしを認められるようになりました。

そして、自分の今の生き方がもっと好きになり、むしろこのブラックな労働環境を楽しんでやろうと思えるようになりました。

YouTubeの最初の頃は、深夜に代理店から電話で叩き起こされた腹いせに動画撮影しながら働いたり、上司の理不尽な言動などを記録したりしていました。何かの記録用として残していたというのもありますが、こうやって多くの人に見てもらえるようになってからは、広告業界のブラックな労働環境が楽しいです。

そう思えてからは、プレゼンで1カ月休みなく働いても前向きに取り組めるようになり、山奥でのロケ撮影で深夜3時起きするのも遠足のような感覚になってきました。この数年での大きな変化です。

これからも仕事で理不尽なことは大量に発生するかもしれませんが、どんな困難も楽しみながら生きていこうと思います。

走りつづけることの楽しさ

3つ目の理由は、目標に向かって走り続けることが楽しいからです。

僕が中学高校で取り組んだ陸上長距離はつらく過酷な競技ですが、走れば走るほどゴールに近づきます。

仕事もそれに近いものがあります。目標に向かってみんなで走り続けます。その道のりは平坦だったり、登り道だったり、崖だったりとさまざまです。ただ多くの仕事で、その道のりは平坦ではなく過酷だと思います。その道のりを楽しめるかどうかがとても大事だなと社畜生活を通してわかりました。

道のりは険しいほど楽しいことも多くあり、達成感もひとしおです。長く苦しい道のりを超えた先に、見たことのない景色が広がっているかもしれません。

特に競合プレゼンでは、競技のように他社に勝つためにアイデアを必死で考え、広告案を作りプレゼンします。

苦しい提案を終えたあとに獲得できた時は最高です。逆に獲得できずそれまでの土日出勤や徹夜での作業が水の泡となることもありますが、最近はそういう状態でも悲観的にならず、次に活かそうと思うことで乗り越えています。

これも次の自分の力となる大事な訓練です。

広告業界でのマラソンはまだまだつづきそうですが、毎日見える景色も変わってきて飽きずに走りつづけることができています。

この長いマラソンを走り切った先にどんな景色が広がっているのか、その頃には僕の能力はどれだけアップしているのか、精神は壊れずに保たれているのか、希望と同時に不安もありますが、進みつづけることで未来を切り開いていきたいです。

どんな結末となろうと、逃げ出すことなく突き進みます。

人からの反応がもらえる喜び

理由の4つ目としては、人から反応がもらえる喜びがあるからです。

これは仕事ではなかなか実現できておらず、ＹｏｕＴｕｂｅ活動を通して芽生えたやりがいです。

仕事ではどれだけつらいことを乗り越えて作った広告も、作り手の存在なんてどうでもよくて、自分の実績となるものも少なかったです。それが今までは当たり前だと思っていました。それを受け入れた上で、自分が世の中に何ができるのか。ということを何年間も模索していました。

しかし、ＹｏｕＴｕｂｅでは、僕の動画を通して多くの人が小鉄という存在を知ってくれるようになりました。こんな体験は今までほとんどなく、自分にとって衝撃的な出来事でした。

本来目指すべき方向とはかなりズレていますが、自分が作った動画が人に届き、多くの声をいただけることにとても感謝しています。

一方で仕事も諦めずに広告のデザイナーとして、自分が世の中に何ができるのかということを意識して取り組んでいました。その結果、ここ数年で多くの仕事が評価されるようになり、雑誌掲載されたり、広告賞をいくつもいただくことができました。

正直それまで賞にも引っかからず、仕事も空振りが多く、広告のデザイナーは向いていないのかもと思うことも多かったです。現に事務所の先輩からも「お前はデザイナーに向いてない」と散々言われつづけていました。出社していた頃は、毎日のように先輩から2時間説教を受ける日もありました。

その悪い流れがだんだんと変わっていくのを感じています。

個人の創作活動も実を結び、仕事もＹｏｕＴｕｂｅもいい方へと向かい始めています。

継続は力なりとはいいますが、自主制作や仕事も長年つづけてきて本当に良かったです。休日も出掛けず、毎日のように残業し、日によっては徹夜をするという地獄の日々でした。

これを耐え抜けば、きっと未来を切り開くことができるはずと信じて作りつづけました。

孤独を感じながらも自分の好きなことを突き詰めていきました。そして、いつしかＹｏｕＴｕｂｅでは、自分のことを自分以上によく知ってくれている視聴者たちが増えました。

その多くの人たちからの声が今の自分を突き動かしていると言っても過言ではありません。

まだまだ発展途上ではありますが、ＹｏｕＴｕｂｅに負けじと仕事のほうももっと多くの結果を残せるように頑張ります。

YouTubeがあるから仕事を頑張れる

広告の仕事はもちろん好きですが、それと同時に配信活動は僕にとって必要不可欠の

存在となりました。

ＹｏｕＴｕｂｅがあるから、過酷な業務もパワハラも配信で発散することで乗り越えられています。

そして、配信活動によって、自分の可能性を感じることができました。こんなちっぽけな自分でも世の中に何かできることがあるんだと気づけたのです。

今まで狭い広告業界でしか実現できないと思っていましたが、そんなことはまったくなく、外の世界は可能性にあふれています。

ＹｏｕＴｕｂｅだけでなく、本業にも可能性を感じられるようになりました。これは僕にとって大きな変化です。

僕のＹｏｕＴｕｂｅチャンネルが伸び始めた頃（２０２１年夏）は、正直仕事がかなりしんどくて、あわよくば配信活動だけで生きていきたいと思ってしまうこともありました。

しかし、長くつづけていると、配信活動も大変なことだらけなんだなということが見えてきました。

心のどこかでユーチューバーって楽そうでいいなと思っていた自分がいます。会社に縛られずパワハラもなく、好きな動画だけ作って生きていける。

そう思っていましたが、現実はまったく違いました。おそらく配信者にしかわからないであろう苦労が大量にありました。そして、僕自身も再生回数が伸びたのはいいもののYouTubeのせいで悩む時期もありました。

その経験を経て「楽な仕事なんてない」ということを思い知らされました。それであれば仕事も頑張ろう。そう気持ちを切り替えられるようになりました。

仕事は大変なことの連続ですが、立ち向かいながら結果を残していきたいです。

これからも仕事もYouTubeもどちらも全力で頑張りつづけます。

おわりに

最後まで読んでいただきありがとうございました。

ここ数年は僕にとって大きな転機となりました。

会社だけでなく、ＹｏｕＴｕｂｅという新たな居場所ができました。それと同時に価値観も大きく変わり、仕事にも真摯に向き合えるようになりました。

そして、今後目指したい場所も明確になってきました。

今までは漠然と広告業界のデザイナーとして、賞を獲ったりしながら実績を積んで、広告代理店に入社して、さらに規模の大きな仕事を手掛けていくというキャリアを思い描いていました。

ですが、それだと世間一般の会社員と変わらず、僕の代わりなんていくらでもいるんだろうなと思います。

自分にしかできないことや、自分がいたおかげで成し得ることができた広告を手がけていきたいです。


世の中の人たちが本当に必要とするものを作りつづけながら、みんなに届くクリエイティブを手がけていきたいです。そうした時に、「広告業界のデザイナー」にこだわることもなくなるのかもしれません。

業界を問わず、世の中に価値あるものを手がけ続けていくクリエーターを目指します。

それと同時にユーチューバーの玄田小鉄としてもデザインをしたいです。ＹｏｕＴｕｂｅの中にとどまらずもっと広い領域で活躍できるように頑張ります。

なのでこれからも懲りずにもがき、働きつづけ、ＹｏｕＴｕｂｅで自分の生きた痕跡を残しつづけていこうと思います。

動画で仕事の愚痴をこぼすこともあるかと思いますが、なるべく暗くならないように活動していきますので、ＹｏｕＴｕｂｅで見守っていただけると嬉しいです。

これからもよろしくお願いいたします。

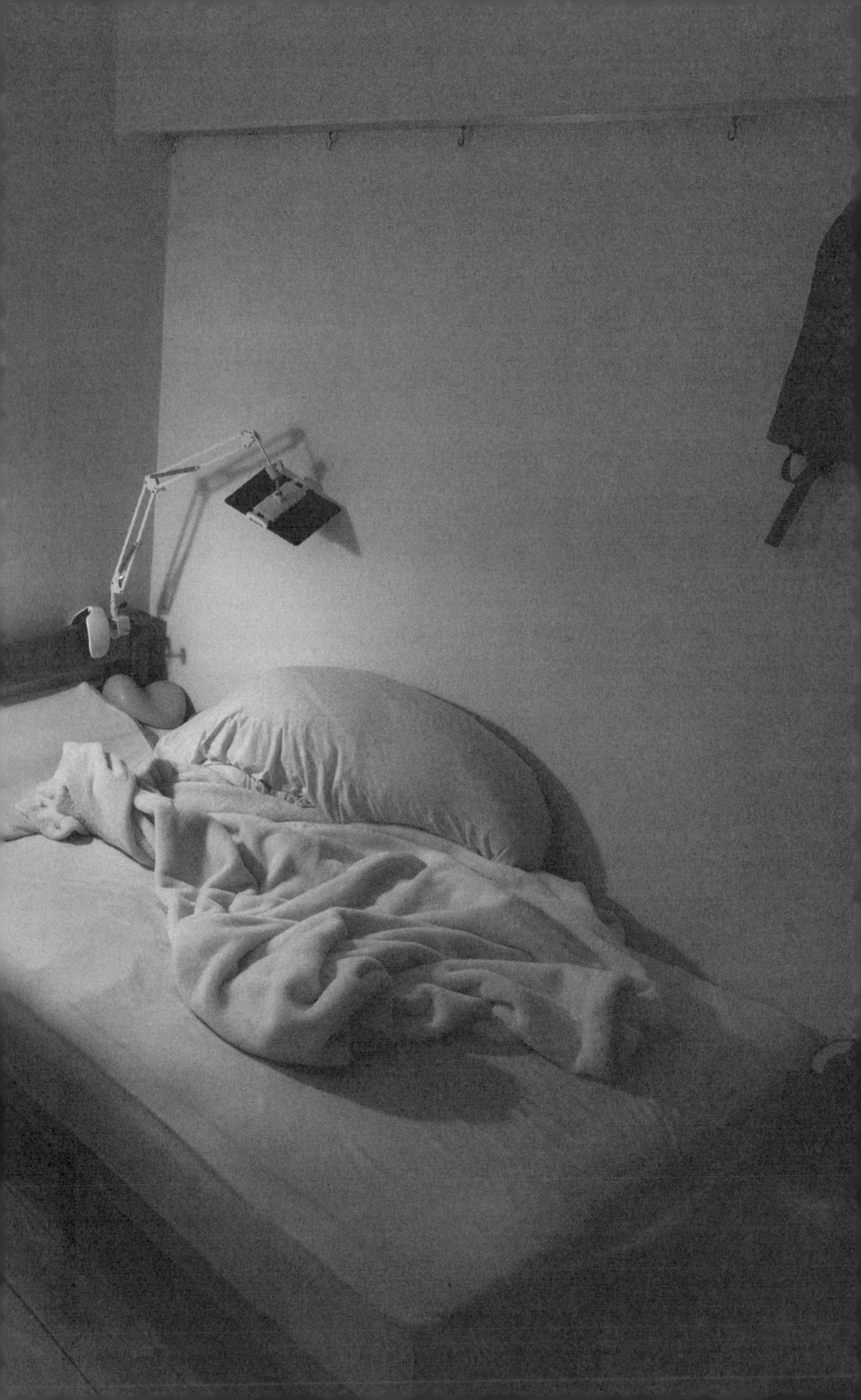

PROFILE

玄田小鉄

デザイナー 兼 YouTuber（登録者数５万人）。

大学卒業後、憧れであった広告業界に就職。デザイナーとして勤務する傍ら、過酷な労働環境を YouTube で配信。

激務の中でも豊かに生きる方法を模索し、日夜働き続けている。

ブラック企業で生き抜く社畜を見守る本

2023年6月10日　初版発行

著　　者　玄田小鉄

装　　丁　玄田小鉄
本文デザイン・DTP　株式会社デジカル
編集協力　菅野 徹
校　　正　東京出版サービスセンター
編　　集　大井隆義（ワニブックス）

発 行 者　横内正昭
編 集 人　内田克弥

発 行 所　株式会社ワニブックス
〒150-8482
東京都渋谷区恵比寿4-4-9 えびす大黒ビル

ワニブックスHP　http://www.wani.co.jp/
（お問い合わせはメールで受け付けております
HPより「お問い合わせ」へお進みください）
※内容によりましてはお答えできない場合がございます。

印 刷 所　株式会社 光邦
製 本 所　ナショナル製本

ISBN 978-4-8470-7317-5